LA PSYCHOLOGIE DE VYGOTSKY

*PSYCHOLOGIE ET SCIENCES HUMAINES*

Angel Rivière

la psychologie de Vygotsky

Traduit de l'espagnol par Christiane Moro et Cintia Rodríguez

PIERRE MARDAGA

© 1990 Pierre Mardaga, éditeur
Rue Saint-Vincent 12 - 4020 Liège
D. 1990-0024-39

Présentation

Christiane MORO, Cintia RODRIGUEZ
et Bernard SCHNEUWLY

La pertinence de l'ouvrage d'Angel Rivière se situe dans l'approche dialectique qu'il adopte pour comprendre l'œuvre de Vygotsky. Sa démarche plonge au cœur du mécanisme créateur de l'œuvre et nous restitue au fil des interactions une théorie vivante. Celle-ci est judicieusement mise en perspective avec les différents contextes dans lesquels elle s'inscrit — les années de formation au sein de la famille, les études secondaires et universitaires, l'histoire sociale, politique et scientifique de la Russie du début du siècle —, mettant ainsi en lumière le remarquable esprit de synthèse de Vygotsky.

Nous évoquerons ci-après, ainsi que nous les trace Rivière, quelques-unes des étapes-clés du trajet du grand psychologue soviétique et certaines des caractéristiques marquantes de sa psychologie.

Les intérêts de Vygotsky se développent très tôt dans des domaines aussi variés que la linguistique, le théâtre ou la littérature traduisant les orientations précoces de sa pensée pour les questions de signification et de création des produits culturels, intérêts qui ultérieurement le conduiront à l'étude des systèmes de signes, lieu de spécificité humaine, et à la catégorie de la conscience. Très influencé par la dialectique de Spinoza et par la pensée marxiste dont il était familier depuis les années d'école, il ne «*fit ‹jamais› montre d'aucune soumission au marxisme comme idéologie*» (Rivière, ci-après, p. 335). A Gomel où, après ses années universitaires, il se confronte avec brio à ses premières charges d'enseignement, ses préoccupations vont à la pédagogie et à l'éducation, à l'esthétique et à la critique et — ce qui ne faisait alors que poindre — à la psychologie.

A Moscou où il est appelé, Vygotsky se consacre à la psychologie, seul moyen de comprendre selon lui les mécanismes de la création artistique. Il se trouve alors plongé dans la tourmente qui secoue la psychologie soviétique, déchirée par la crise entre psychologues idéalistes et psychologues objectivistes réductionnistes. Dès ses premières contributions psychologiques, Vygotsky donne l'impression de formuler ce que Rivière nomme une *«troisième voie»* épistémologique. Au printemps 1924, à l'occasion d'une contribution au deuxième congrès de psychoneurologie de Léningrad, Vygotsky laisse entrevoir son grand dessein de construire une psychologie objective qui puisse rendre compte de la complexité des processus humains. Dans sa conférence en octobre de la même année à Moscou devant l'Institut de Psychologie, apparaît l'idée de la genèse sociale de la conscience et de sa double construction, externe puis interne. Mais le tournant conceptuel est donné dans son ouvrage *La signification historique de la crise de la psychologie* (1926) dont l'orientation préfigure l'élaboration théorique ultérieure; Vygotsky y énonce notamment que c'est dans la scission de la psychologie elle-même que se trouvent les germes d'une synthèse possible.

Vygotsky propose de dépasser le dualisme qui enferme les psychologies idéalistes et matérialistes réductionnistes en élaborant la catégorie de l'activité dont l'aspect de transformation s'applique aussi bien au milieu qu'à la conduite propre ou à celle d'autrui. L'activité est en rapport direct avec la notion de médiation. Dans la continuité des travaux de Marx et de Engels, il considère que *«l'action de l'homme sur la nature, le travail, n'est jamais immédiate, mais médiatisée par des objets spécifiques, socialement élaborés, fruits des expériences des générations précédentes et par lesquels, entre autres, se transmettent et s'élargissent les expériences possibles»* (Schneuwly, 1987, p. 7).

Les instruments qui médiatisent l'activité psychique sont les signes qui sont fournis à l'enfant durant son développement par son environnement social proche. La conscience, *«contact social avec soi-même»* (Vygotsky d'après Rivière, ci-après, p. 52), dérive de l'utilisation des signes; elle présente donc une structure sémiotique. Seule l'analyse des significations contenues dans les systèmes de signes permet de comprendre la nature des processus mentaux qu'il s'agit d'observer *«au moment même de leur construction génétique et non après leur cristallisation en structures achevées*» (Rivière, ci-après, p. 75).

Du point de vue de l'Ecole historico-culturelle, qualificatif appliqué à la psychologie de Vygotsky et de ses collaborateurs, le développement des fonctions psychiques est conçu comme l'appropriation progressive de la culture par l'enfant au travers de l'interaction sociale. La conception selon laquelle l'apprentissage précède le développement n'est certainement pas le moindre des bouleversements que Vygotsky apporta à la psychologie, revalorisant ainsi considérablement le rôle joué par l'éducation au travers notamment du concept de zone proximale du développement.

Ajoutons que sur le plan méthodologique, il convient d'élaborer un type d'analyse en unités de base non décomposables, c'est-à-dire qui intègre les différents aspects significatifs de la conduite humaine. A ce propos, Vygotsky indique : «*Par unités de base nous entendons des produits de l'analyse tels qu'à la différence des éléments ils possèdent toutes les propriétés fondamentales du tout et sont des parties vivantes de cette unité qui ne sont plus décomposables*» (Vygotsky, 1985, p. 36).

Les grands axes du projet théorique vygotskyen se trouvent définis vers la fin des années vingt et les observations, support empirique nécessaire, commencent d'être recueillies. Vygotsky ne put bien sûr pas réaliser dans sa courte vie l'ensemble des objectifs qui devaient aboutir à la reconstruction de la psychologie.

Les thématiques développées par Vygotsky sont toujours d'une brûlante actualité et nombre d'entre elles suscitent aujourd'hui l'intérêt croissant des chercheurs. Les perspectives ouvertes par la psychologie vygotskyenne sont vastes. Nous tenterons dans la brève revue qui suit d'en esquisser certains des aspects qui nous paraissent les plus relevants. Ainsi seront abordés successivement :

1. les fondements épistémologiques et méthodologiques de la théorie vygotskyenne au travers des concepts d'activité, d'unité d'analyse, de médiation;

2. la médiation sémiotique de la vie mentale dans une série d'activités complexes comme le langage égocentrique, l'activité langagière, les processus métacognitifs, la formation des concepts, la lecture ou la formation du self;

3. les origines interpsychiques de l'activité mentale dans l'éducation informelle, formelle et spéciale.

1. TRAVAUX SUR LES FONDEMENTS EPISTEMOLOGIQUES ET METHODOLOGIQUES DE L'ŒUVRE VYGOTSKYENNE

A. L'activité

La question des liens entre la théorie de Vygotsky et celle de l'activité est largement débattue aujourd'hui, notamment chez les psychologues soviétiques. Davydov & Radzikhovskii montrent, répondant ainsi à la critique formulée par certains auteurs disciples de Léontiev, que Vygotsky est bien «*le fondateur d'une théorie psychologique basée sur le concept d'activité*» (1985, p. 35*)[1]. Au plan méthodologique, l'activité pratique humaine, conçue comme lien entre le monde externe et la conscience, est postulée comme principe explicatif général. Ce principe permet de dépasser le dualisme et le réductionnisme des approches subjectives et empiristes et de définir la conscience comme objet d'étude scientifique. Au plan psychologique, selon ces auteurs, l'unité d'analyse de la signification du mot, définie par Vygotsky, ne contredirait pas l'activité comme principe explicatif, les signes émergeant historiquement en tant que produit de l'activité humaine elle-même.

B. Les unités d'analyse

Si globalement une telle affirmation peut s'avérer correcte, l'unité d'analyse de la signification du mot en tant que telle n'est pas exempte de failles ainsi que le soulignent de nombreux auteurs. A n'en citer que quelques-uns, nous pouvons déjà prendre la mesure des critiques adressées à Vygotsky sur ce point. Zinchenko met en cause l'unité fondamentale d'analyse de la conscience que constitue la catégorie de la signification en laquelle il décèle deux faiblesses essentielles :

1) «*la signification ne peut être considérée comme l'unité primitive d'analyse de la conscience universellement et génétiquement*» (1985, p. 100*).

2) Dans la signification, il n'y a pas la «*force motivationnelle*» qui permet la transformation en conscience. Zinchenko propose «*l'action médiatisée par l'outil*» comme unité d'analyse de la raison. Wertsch, quant à lui, considère que la signification du mot constitue davantage «*une unité de la médiation sémiotique du fonctionnement mental... qu'une unité du fonctionnement mental lui-même*» (1985a, p. 208*), et plus préci-

---

[1] Toutes les citations marquées par une astérisque ont été traduites par nous-mêmes.

sément que les rapports interfonctionnels dynamiques qui définissent la conscience ne s'y trouvent pas reflétés.

L'unité d'analyse d'*«action médiatisée par l'outil»* — au sein de laquelle, selon Wertsch, les particularités du phénomène sémiotique restent à préciser, autrement dit où il s'agit de spécifier la particularité des signes par rapport aux outils — de Zinchenko constituerait ainsi l'unité d'analyse appropriée de l'approche vygotskyenne. Cette unité d'analyse aurait l'avantage de s'appliquer *«tout aussi bien au fonctionnement interpsychologique qu'intrapsychologique et... ‹de fournir› un cadre d'analyse adéquat de la médiation»* (*ibidem*, p. 208*).

Si la conception de Wertsch (voir aussi 1985b) nous paraît aller dans le bon sens, sa vision quelque peu restrictive de la médiation sémiotique qu'il semble réduire au seul fonctionnement psychique supérieur — plus particulièrement caractérisé par la maîtrise du langage entre autres systèmes de signes — ne nous paraît pas adéquate et le fait demeurer dans une conception dichotomique des phénomènes mentaux que son appel explicite à Piaget et Bower pour la première phase du développement contribue à renforcer.

A cet égard, les critiques émises par Van der Veer & Van IJzendoorn à propos de la distinction établie par Vygotsky entre fonctions psychiques inférieures et fonctions psychiques supérieures que les auteurs imputent à une *«conception inadéquate des fonctions psychiques inférieures»* (1985, p. 1*) sont justifiées. Ils font valoir le fait que durant la première phase de développement, l'enfant interagit activement» avec les objets, citant à l'appui de cette affirmation nombre de travaux réalisés par l'Ecole de Kharkov sous l'égide de Léontiev. De même, ils soulignent l'importance des interactions mère-enfant au niveau préverbal pour le développement de la communication verbale, que des travaux comme ceux de Bruner (1983) entre autres ont récemment mis en évidence.

A la lecture de ces auteurs, une certaine ambiguïté subsiste cependant quant à l'articulation, au niveau de la première phase du développement, de l'interaction interindividuelle et de l'interaction du sujet avec les objets de même que par rapport au statut de la médiation. Les deux conceptions qui suivent nous semblent pouvoir apporter un complément utile à ce sujet.

Moro & Rodríguez (1989), récusant également la dichotomie entre fonctions psychiques inférieures et supérieures, considèrent que les processus mentaux, au niveau préverbal, sont socialement déterminés à la fois par les systèmes sémiotiques (systèmes d'objets via les pratiques et les significations y afférant) et par les contextes d'interaction avec autrui qui permettent l'appropriation des pratiques et des significations en rapport avec l'usage des objets. Ces auteurs proposent une redéfinition de l'unité d'analyse du comportement de l'enfant au niveau préverbal qui prenne simultanément en compte ces différents aspects. Cette unité «*enveloppe dans un même espace analytique les trois pôles de l'interaction que sont le bébé, l'objet et l'adulte... [et] permet d'aborder la détermination sociale des fonctions psychiques au cours de la période préverbale en mettant l'accent sur le rôle de l'objet significatif comme organisateur de l'interaction interindividuelle*» (1989, p. 81). Radzikhovskii développe une conception assez voisine. Partant de l'assomption que «*la communication et l'action sur l'objet coïncident complètement et ne peuvent être séparées en deux projections d'une même chose qu'artificiellement*» (1987, p. 90*) et constatant en particulier que la communication ne peut être considérée comme un type d'activité et ne peut donc être analysée dans le cadre du paradigme de Léontiev, il définit l'unité d'analyse, qualifiée d'action conjointe, suivante : sujet (enfant)-objet (signe)-sujet (adulte). Celle-ci est conçue comme «*génétiquement primitive (dans l'ontogenèse), déterminant la structure sémiotique interne de base de l'activité humaine et, enfin, comme une unité universelle, un composant de l'activité individuelle*» (*ibid.*, p. 95*).

C. La médiation

Cette brève incursion dans le problème que pose la définition d'une unité d'analyse du comportement qui satisfasse aux exigences énoncées par Vygotsky dans le premier chapitre de *Pensée et langage* (1985) nous conduit droit à la notion de médiation sémiotique, considérée par Vygotsky lui-même comme sa plus importante contribution et qui ne cessera d'évoluer durant les dix dernières années de sa vie; en témoigne notamment la définition, vers la fin des années vingt, de l'unité d'analyse de la signification du mot et dès lors l'émergence des aspects sémiotiques de signification et de communication des outils psychologiques (Wertsch, 1985a et b).

La notion de médiation imprègne à l'origine les travaux de Vygotsky sur l'art. Rappelons qu'initialement le détour par la psychologie s'impose à Vygotsky dans le but de comprendre la nature des mécanismes de la création artistique ainsi que la fonction spécifique de l'art. Il s'agit en effet d'élucider ce que l'œuvre et l'esprit ont en commun qui permette l'échange (Serra, 1985; Wertsch, 1985a; Vila à paraître (a); Vila & Boada à paraître).

Reprise du concept de médiation instrumentale de Engels et étendue par Vygotsky aux outils psychologiques que constituent les signes, notamment linguistiques, qui deviennent alors des médiateurs de l'activité mentale, la médiation par les signes permet à la fois *«le contrôle des propres processus de comportement»* (Schneuwly, 1987, p. 5) et *«la transformation des processus mentaux de l'individu»* (Wertsch, 1985b, p. 140). Les bases d'une psychologie sémiotique et fonctionnaliste sont ainsi jetées (Lee, 1985).

Parce qu'ils sont le produit de l'évolution socio-culturelle et qu'ils se trouvent inéluctablement liés à l'interaction sociale, les outils psychologiques que sont les signes sont de nature sociale chez Vygotsky (Wertsch, 1985a; Schneuwly, 1987). La spécifité des activités mentales supérieures est ainsi liée *«aux propriétés des systèmes de signes et leur psychogenèse aux pratiques sociales en tant qu'elles sont, elles-mêmes, médiatisées par des signes»* (Deleau, 1989, p. 32). Moro & Rodríguez (à paraître) étendent, quant à elles, la notion de médiation sémiotique, principalement utilisée dans la psychologie vygotskyenne pour les systèmes de signes langagiers, aux systèmes d'objets, de pratiques et de significations s'y rapportant. Ces auteurs proposent une première articulation d'une analyse sémiologique de l'objet au cours de son appropriation par l'enfant dans l'interaction interindividuelle. Le processus de construction des capacités humaines va de l'interpsychique à l'intrapsychique, *«lequel conduit à un comportement quasi social de l'individu par rapport à lui-même»* (Schneuwly, 1987, p. 5).

Ceci a pour conséquence *«qu'une psychologie génétique est nécessairement aussi une psychologie de l'éducation»*, (*ibidem*, p. 15; à ce sujet cf. aussi del Río & Alvarez, 1985).

Une étonnante proximité entre les idées de Bakhtine et de Vygotsky existe quant à l'origine sociale des phénomènes individuels (cf. entre autres Emerson, 1983a et b; Lee, Wertsch & Stone, 1983) et Wertsch relève tout l'intérêt qu'il y a à repenser l'approche vygotskyenne à la lumière des propositions de Bakhtine sur la nature du contexte. *«Au lieu de considérer le contexte référentiel créé par les signes linguistiques constituant l'entourage immédiat d'un énoncé,... [Bakhtine] a proposé la notion plus large de contexte culturel situé historiquement, créé par le discours des autres... le discours [étant] une multitude de systèmes de croyances verbo-idéologiques et sociales interreliés»* (1985b, p. 160).

2. LA MEDIATION SEMIOTIQUE DE LA VIE MENTALE

La médiation sémiotique peut être mise en évidence dans un certain nombre d'activités complexes comme le langage égocentrique, l'activité langagière ou encore les processus métacognitifs, la formation des concepts, la lecture ou la formation du self.

A. Le langage égocentrique

L'étude chez l'enfant de la relation langage-pensée du point de vue développemental constituait à l'époque une nouveauté chez Vygotsky et chez Piaget, ce en quoi les travaux des deux auteurs se recoupent. Leur opposition essentielle quant à la nature du langage égocentrique, signe d'immaturité pour Piaget ou instrument de pensée pour Vygotsky, est abondamment traitée par des auteurs tels que Zivin, 1979a; Camaioni, 1981 ; Lee & Hickmann, 1983; Pellegrini, 1984; Berk, 1985. L'appellation de langage égocentrique qui a sa validité historique ne traduit néanmoins pas les aspects dynamique et fluctuant de la relation langage-pensée telle que la conçoit Vygotsky (Zivin, 1979b; Moro & Rodríguez, 1988). Le rôle fondamental joué par le langage égocentrique (plus tard langage intérieur) dans la planification et la régulation de l'action propre est étayé par de nombreux travaux (cf. par exemple la revue de travaux de Fuson, 1979 ou encore Lee, Wertsch & Stone, 1983).

Soulignons que Meichenbaum (1975) ne confirme pas les stades de développement liés à l'âge, proposés par Luria, et il montre notamment que «*le processus d'abréviation et d'intériorisation du langage privé ne semble pas être lié à l'âge chronologique per se, mais aux habiletés générales dans des tâches spécifiques*» (p. 25*). L'auteur considère néanmoins que le modèle génétique de Vygotsky et de Luria «*fournit une séquence hypothétique pouvant être utile dans un programme de traitement fondé sur l'autocontrôle*» (p. 22*).

D'un point de vue méthodologique, Frauenglass & Díaz (1985) indiquent que la rareté du langage privé[2] observé peut être chez certains auteurs le résultat d'un artefact du paradigme utilisé initialement par Vygotsky. Cette critique s'applique, selon nous, à Beaudichon & Melot (1972) qui, entre autres, étudient le langage égocentrique dans des situa-

---

[2] Les auteurs utilisent indifféremment les termes de langage égocentrique et de langage privé, pour une analyse détaillée de leur usage, voir Zivin 1979b.

tions où les aspects sociaux sont réduits au minimum (sujet seul par exemple). Par ailleurs, «*la... corrélation entre langage privé et échec, cependant, ne contredit pas l'assertion selon laquelle un tel langage peut réellement être un outil utilisé par l'enfant pour améliorer sa performance dans la tâche*» (Frauenglass & Díaz, 1985, p. 358*) car plus la tâche présente de difficultés, plus le langage égocentrique augmente et plus le risque d'échec augmente. A noter également que les tâches sémantiques (classification, sériation d'histoires) au contraire des tâches perceptives (puzzle) augmenteraient la production de langage égocentrique. Les auteurs suggèrent que des données sous forme longitudinale soient recueillies.

Un autre problème méthodologique est soulevé par Fuson (1979) dans une revue de travaux consacrée à l'aspect autorégulateur du langage. Elle y critique notamment l'artificialité des tâches ainsi que la fixation du but par l'expérimentateur, soulignant que, dans la réalité, l'enfant est face à toute «*une série de choix possibles qui s'ajustent en un flot ininterrompu de comportements*» (p. 205*) alors que dans les situations de recherche «*la tâche est si bien définie que... [l'enfant] n'a pas besoin de décider quand ou s'il l'a achevée (à sa propre satisfaction)*» (*ibidem*, p. 205*). Dans ces situations, l'accent est mis sur l'exécution du prochain pas du plan alors que Fuson souligne que le langage autorégulateur est également utilisé dans la sélection, le stockage, le rappel de stratégies spécifiques... autant d'autres possibles fonctions du langage autorégulateur sur lesquelles l'attention devrait être portée.

L'une des questions centrales du débat actuel sur le langage égocentrique parmi les vygotskyens porte sur sa catégorisation. Pour certains auteurs comme Frauenglass & Díaz (1985) s'inspirant eux-mêmes des conceptions de Kohlberg, il y a lieu de subdiviser le langage égocentrique en différentes catégories. Pour d'autres auteurs, comme par exemple Frawley & Lantolf (1986), le langage égocentrique ne revêt qu'une seule et même fonction, celle d'autorégulation. Parmi les tenants de la classification du langage égocentrique, ainsi que le remarquent Díaz & Padilla (1985) il n'y a pas accord entre les différentes catégories proposées. Ces auteurs soulignent que trois problèmes sont à la base de toute catégorisation qui sont ceux de contenu, fonction et forme. A titre d'hypothèse, ils postulent eux-mêmes que le langage privé présente dix fonctions en rapport avec l'activité intellectuelle de l'enfant : abstraction, attention-concentration, mémoire, planification, régulation du mouvement, facilitation des transitions, prise de position face à l'incertitude, éloge et appui propre, incorporation/intériorisation, relaxation et jeu.

B. L'activité langagière

Comme le montrent John-Steiner & Tatter (1983) dans une revue de travaux, le modèle interactionniste, tel qu'il se trouve conceptualisé dans la théorie de Vygotsky, est un instrument très puissant pour l'étude du développement langagier. Il est donc nécessaire de dépasser les controverses entre nativistes, behavioristes et piagétiens pour analyser, dans une approche sociogénétique, l'importance du rôle de la culture et de l'histoire dans la construction du langage (John-Steiner & Panofsky, 1985). Une telle réinterprétation des données de la psycholinguistique d'un point de vue vygotskyen n'est qu'un premier pas vers une approche vygotskyenne de l'activité langagière. Pour aller plus loin, il faut que les principes théoriques et méthodologiques mêmes de la recherche s'inspirent des postulats de base de Vygotsky. Plusieurs travaux portant sur le développement du langage oral, du langage écrit et sur l'élaboration d'un modèle de production langagière vont dans ce sens.

Pour Vygotsky, le développement de toute fonction psychique supérieure est basé sur l'utilisation de différents systèmes de signes comme médiateurs. Comment dès lors penser le développement d'une fonction telle que le langage, lui-même constituant un système de signes? Hickmann (1985) montre dans son étude que deux particularités du langage permettent de répondre à cette question : les signes peuvent se référer à d'autres signes (fonctionnement intralinguistique) et à l'activité langagière elle-même (fonctionnement métapragmatique); de ce fait ils peuvent acquérir une fonction organisatrice non seulement des activités non langagières (langage égocentrique), mais aussi de l'activité d'utilisation de signes elle-même. Cette capacité d'utilisation de signes se met en place graduellement. L'analyse de narrations d'enfants de 4 ans «*montre que l'organisation des signes linguistiques au cours du discours n'est souvent pas basé strictement sur le propre discours de l'enfant mais dépend dans une grande mesure soit du contexte extralinguistique... soit de l'utilisation de signes dans les processus interactifs entre l'enfant et l'adulte dans la situation*» (Hickmann, 1985, p. 253*). Chez les enfants de 7 ans, émerge une habileté à compter uniquement sur les moyens linguistiques pour organiser leur propre discours. Chez les enfants de 10 ans, il y a utilisation exclusive du langage comme contexte.

Schneuwly (1985, 1989a) a pour objectif de comprendre comment se construit le langage écrit chez l'enfant, comment il est socialement déterminé et quels sont les outils servant à le construire. L'hypothèse fondamentale est la suivante : «*Le langage écrit, comme le langage intérieur, est une fonction particulière du langage qui se développe par différenciation à partir du langage parlé*» (1985, p. 179). L'approche vygotskyenne permet de dégager au moins trois niveaux d'intervention dans l'étude de la construction du langage écrit :

1) «*niveau de l'analyse des pratiques sociales de l'écrit et de la définition de l'activité langagière*»;

2) «*niveau de ses origines interpsychiques (préhistoire de l'écrit, situations de communication par écrit, rapport au langage)*» ;

3) «*niveau des médiations sémiotiques des activités langagières permettant le contrôle et la transformation de ces dernières*» à travers «*les possibilités autoréflexives du langage [qui] sont des médiateurs puissants du comportement langagier pour l'acquisition de l'écrit*» (p. 201).

Akhutina (1978) passe en revue les positions de Luria et de Vygotsky et les confronte aux modèles contemporains de production langagière. Le premier modèle de Luria, inspiré de l'analyse proposée par Vygotsky en 1934, distingue trois niveaux : le motif, la pensée et sa transformation en langage intérieur et le langage externe. Dans une version ultérieure, le langage intérieur présente une structure multi-niveaux. Un retour à la première analyse de Vygotsky montre qu'entre le langage intérieur et le langage extérieur se situe le plan sémantique. Selon Akhutina, les modèles contemporains de production langagière peuvent s'inspirer de cette conception sur deux points essentiels : «*Il y a deux syntaxes, la syntaxe du sens et la syntaxe du langage externe et il y a une structure sémantique spéciale du langage intérieur qui ne coïncide pas avec la structure externe*» (p. 21*).

Schneuwly (1989b) suit les différentes phases du modèle vygotskyen ainsi qu'explicité dans le 7ᵉ chapitre de «Pensée et Langage»; il en fait ressortir plusieurs aspects :

«*1) Les mots... [sont] l'outil à travers lequel la pensée, le sens latent, devient existant, se réalise...*

2) Le processus... [allant] de la pensée au mot comprend cinq phases... motif, pensée/sens latent, langage intérieur, syntaxe des significations, syntaxe des mots.

3) Chaque niveau ou plan a son autonomie, son mode de fonctionnement propre, sa fonction...

4) Le mouvement du motif au langage extérieur [est] une perpétuelle transformation» (p. 11).

Dans un second temps, l'auteur compare le modèle vygotskyen avec celui de l'activité langagière présenté par Bronckart & al. (1985) et

Schneuwly (1988). Ces auteurs distinguent différents niveaux dont le premier est l'établissement d'une base d'orientation où s'élabore une intention communicative. «*Il s'agit de la construction d'un espace représentatif, un reflet de la situation dans lequel l'activité doit se dérouler*» (p. 11). Pour le niveau de la planification langagière où se réalise le passage du sens à la signification, l'auteur indique qu'il est possible d'envisager deux types d'opérations :

1) «*décomposition du condensé de sens... du langage intérieur*» vers la signification de manière à le rendre compréhensible pour d'autres.

2) «*élaboration de noyaux prédicatifs*» (p. 13), proches du plan sémantique postulé par Vygotsky. Le niveau de linéarisation finalement correspond au passage du plan sémantique au langage externe chez Vygotsky.

C. Autres activités médiatisées

S'inspirant des travaux de Zaporozhets et Meshcheryakov, lesquels considèrent que la capacité d'autorégulation naît de l'interaction sociale — l'adulte qui entoure l'enfant jouant le rôle d'agent métacognitif —, Wertsch (1978) s'interroge sur les origines des **processus métacognitifs** chez l'enfant en situation de résolution de problème. Il souligne que «*la responsabilité pour la réalisation de la tâche est distribuée entre l'adulte et l'enfant de manière très spécifique*» (p. 16*). L'adulte procure à l'enfant l'information et celui-ci agit selon les indications de l'adulte. Dans ce processus, la dyade est considérée comme une unité. Largement sous-estimée dans la psychologie occidentale, la régulation externe, bien qu'elle ne soit pas suffisante pour expliquer le développement de l'autorégulation, devrait permettre de comprendre nombre de stratégies métacognitives peut-être de portée universelle.

Davydov (1967) souligne la grande richesse de la conception vygotskyenne de la généralisation en rapport avec **la formation des concepts**, citant nombre de travaux ayant été poursuivis en ce domaine. Si les travaux de Cameron & Davidson (1981) visent à étayer l'analyse vygotskyenne concernant le développement des concepts, ceux de Panofsky, John-Steiner & Blackwell (1985) la prolongent en la combinant à la notion de «script» de Nelson afin d'étudier le passage des concepts spontanés aux concepts systématiques.

«*L'analyse vygotskyenne est considérée comme la description la plus appropriée de l'éventuelle fonction du langage parlé dans l'acte de lire*» (Yaden, 1984, p. 155*). «*Le langage intérieur... fournit un système de contrôle interne qui soit facilite, soit gêne **l'acquisition de la lecture**»* (*ibidem*, p. 156*). S'intéressant au phénomène de la subvocalisation en situation de lecture silencieuse, Fijalkow distingue «*deux types de subvocalisation, l'une qui renvoie au déchiffrage et l'autre à l'autolangage... c'est-à-dire deux activités cognitives différentes*» (1989, p. 84). Il formule «*l'hypothèse que l'autolangage [sert] essentiellement à retenir l'information et, dans le cas particulier de la lecture, à la retenir pour la comprendre*» (*ibidem*, p. 87).

Lee & Hickmann (1983) indiquent que bien que Vygotsky n'ait jamais rien écrit au sujet de **la formation du self**, ses travaux concernant la conscience, le langage, la cognition et les émotions peuvent néanmoins constituer le point de départ d'une théorie de la subjectivité, les origines du self se trouvant dans l'interaction sociale. Ces auteurs considèrent que la théorie linguistique de Benveniste permet de renouveler la perspective vygotskyenne en ce domaine. Ainsi : «*Notre conscience de nous-mêmes et des autres émerge en tant que produit de l'utilisation du langage dans des situations concrètes de communication interpersonnelle. Le self est social en deux sens. Premièrement, il est l'un des pôles de la relation dyadique sans cesse reconstruit dans la pratique continue du discours. Deuxièmement, la dyade elle-même est structurée par sa position à l'intérieur d'un système social, le langage...*» (p. 375s*).

Les auteurs établissent un parallèle entre le langage et les actions non linguistiques de manière à élargir le cadre sémiotique et linguistique vygotskyen. Ils signalent la nature multifonctionnelle du langage et l'existence de trois macrofonctions : pragmatique, métapragmatique et métasémantique toutes interreliées.

3. LES ORIGINES INTERPSYCHIQUES DE L'ACTIVITE MENTALE

Jusqu'à très récemment, ainsi que le font remarquer Bruner & Hickmann (1983), en psychologie a prévalu une vision de l'enfant en tant qu'être isolé dans le monde, nonobstant le fait que ses représentations s'élaborent au contact des autres et qu'elles sont largement le fruit de règles socioculturelles, de conventions, de systèmes sémiotiques. Se référant à Bertalanffy, Valsiner insiste sur le fait que la psychologie s'est plutôt développée à partir des axiomes des systèmes fermés et souligne par opposition deux caractéristiques des systèmes ouverts :

«*1) Le résultat du développement d'un système est en principe impossible à prévoir à partir des conditions initiales présentes dans le système.*

2) Le principe d'équifinalité... : l'état final (résultat) d'un système peut être atteint à partir de conditions initiales différentes et moyennant différents chemins. Donc si le développement de l'enfant est conceptualisé dans une perspective de système ouvert, il est à la fois impossible à prévoir et variable dans les formes des trajectoires de développement» (1984, p. 66*). Dans un système ouvert, le contexte occupe une place importante.

Dans l'évocation des principaux axes de relation entre apprentissage et développement, Portes (1985) rappelle que chez Vygotsky, l'apprentissage précède le développement, la zone proximale du développement constituant le lien entre les deux. «*La zone proximale du développement joue un rôle central dans la théorie de Vygotsky en tant que moyen essentiel au travers duquel le monde social guide l'enfant dans le développement de ses fonctions individuelles. L'usage des outils et techniques de la société est présenté à l'enfant et pratiqué au cours de l'interaction sociale avec des membres plus expérimentés de la société dans la zone proximale du développement»* (Wertsch & Rogoff, 1984, p. 4*). Cette conception part du constat que le développement de l'enfant n'est réalisable que grâce à la «*combinaison des habiletés de... [celui-ci] et du guidage de gens plus expérimentés*» (Rogoff, Malkin & Gilbride, 1984, p. 31*). Wertsch (1984) indique qu'afin de comprendre les mécanismes en jeu au sein de la zone proximale du développement, trois directions sont à explorer : 1) définition de la situation; 2) intersubjectivité; 3) médiation sémiotique.

Chez Vygotsky, la construction des capacités humaines s'effectue d'abord sur le plan interpsychique, l'éducation jouant par là même un rôle de tout premier plan. Nous allons aborder maintenant quelques-uns des champs d'investigation au niveau de l'éducation informelle (éducation au sens large, dans le cadre familial, dans les situations quotidiennes hors de l'institution scolaire), de l'éducation formelle (milieu scolaire) et de l'éducation spéciale.

L'éducation informelle

Les investigations actuelles portent principalement sur des enfants d'âge préscolaire.

Ainsi que le note Portes, «*certains aspects de l'interaction parent-enfant servent un but didactique qui est souvent méconnu ou confondu avec l'hérédité*». (1985, p. 8s*).

Pour qualifier l'aide que l'adulte apporte à l'enfant, Bruner & Hickmann (1983) développent le concept d'«*étayage*». L'adulte qui interagit avec l'enfant fournit à celui-ci un support destiné à restreindre la complexité de la tâche de manière à ce que l'enfant puisse l'accomplir. Le mécanisme général des interactions adultes-enfants est décrit comme «*format*» «*[lequel encadre] les actions de l'enfant et... [rend] possible la transformation de leur niveau actuel en relation avec leur niveau potentiel*» (1983, p. 288). Suivant cette voie, Vila (à paraître, b) analyse le format de «donner et recevoir» chez l'enfant au cours des deux premières années de la vie. Rogoff, Malkin & Gilbride (1984), quant à elles, décrivent comment, au travers d'une situation de jeu, l'adulte facilite l'apprentissage de l'enfant : soit en arrangeant les situations appropriées, le matériel, les tâches, soit en transmettant l'information et les stratégies nécessaires ou encore en mettant l'accent sur les actions fondamentales.

A propos d'observations chez de jeunes enfants réalisant un puzzle, Hickmann & Wertsch signalent que «*les directives constituent l'une des plus importantes classes d'expressions que les adultes utilisent dans leurs interactions avec les enfants*» (1978, p. 133*).

Une ingénieuse opérationnalisation de la zone proximale du développement est proposée par Valsiner dans une situation de socialisation des repas. Valsiner définit :

1) la zone de mouvements libres (ZFM) qui «*structure l'accès de l'enfant aux différentes aires de l'environnement, aux différents objets à l'intérieur de ces aires, et aux différentes manières d'agir sur ces objets*» (1984, p.67*)

2) la zone d'actions promues (ZPA) constitue «*une sous-zone de la ZFM où l'adulte essaie de promouvoir certaines actions avec des objets particuliers*» (*ibidem*, p. 68*). La zone proximale du développement (ZPD) est intimement liée à la ZPA. Les relations entre ZFM, ZPD et ZPA définissent «*la direction générale et les limites particulières de la canalisation du développement*» (*ibidem*, p. 75*).

L'éducation formelle

Coll (1985) précise que malgré l'existence de facteurs communs entre l'interaction bébé-adulte et l'interaction élève-professeur (comme par exemple fournir un contexte significatif à l'élève pour l'élaboration des tâches, adapter le niveau d'aide en fonction de la compétence des élèves...) et l'évident intérêt à les mettre en rapport pour la compréhension de l'interaction élève-professeur, il ne serait pas justifié d'établir un parallélisme strict entre ces deux types d'interaction. «*Tous les facteurs qui apparaissent pratiquement comme donnés dans le premier cas [l'interaction bébé-adulte] doivent se construire laborieusement dans l'interaction professeur-élève*» (p. 68*), les règles d'interaction utilisées dans le second cas étant probablement distinctes et beaucoup plus variées que celles régissant la relation bébé-adulte.

Soulignant que peu de recherches sont conduites sur le tuteurage entre compagnons et la collaboration entre pairs, Forman & Cazden (1985) rappellent que l'interaction entre pairs favorise l'acquisition des connaissances et que les résultats intellectuels sont supérieurs. Ils précisent que les stratégies de raisonnement diffèrent en situation interactive et en situation individuelle. Les auteurs critiquent le conflit sociocognitif comme seul mode de progression interindividuelle, invoquant d'autres types d'interaction comme la coopération entre élèves dans des situations de résolution de problèmes, laquelle présente l'avantage de la flexibilité eu égard à la rigidité de la relation maître-élève en situation traditionnelle. Coll (1984) qui partage les conceptions de Forman & Cazden concernant l'intérêt de la collaboration entre élèves et le conflit sociocognitif, précise que l'idée de régulation serait plus appropriée pour rendre compte de l'évolution des points de vue individuels au cours de l'interaction, la régulation permettant constamment de réviser et de réanalyser le point de vue propre.

L'éducation spéciale

L'originalité de Vygotsky, dans le domaine de la défectologie, fut non pas de se centrer sur les aspects négatifs du comportement cognitif de l'enfant et en ce sens les tests psychométriques sont vivement critiqués, mais sur les aspects positifs présentés. C'est ainsi que les processus de compensation sont considérés comme un outil de développement, lesquels «*dépendent non seulement de la gravité du défaut mais, à un haut niveau, de l'adéquation et de l'efficacité des méthodes utilisées pour façonner les processus de compensation, et que la structure du défaut change si la compensation est réussie et le défaut corrigé*» (-, 1983, p. 88*).

«*Durant les dernières années les chercheurs et les praticiens dans le domaine des difficultés d'apprentissage ont eu très souvent recours à une analyse en termes de défaut d'utilisation de stratégies appropriées à la tâche, insistance qui suivait étroitement celle similaire dans le champ de la psychologie développementale*» (Stone, 1985, p. 129*). A partir du constat que nombre de comportements sophistiqués qui apparaissent à l'âge préscolaire sont le résultat de l'adoption par l'enfant de «*métatechniques*» pour réguler le comportement propre, Stone rapporte que faire acquérir celles-ci aux enfants présentant des difficultés d'apprentissage, procure une amélioration substantielle. A cet effet, l'interaction adulte-enfant, au niveau de la zone proximale du développement, en situation formelle comme informelle, s'avère très utile. A partir de l'idée de la zone proximale du développement, trois types d'interventions de la part de l'adulte sont ainsi distingués : 1) démonstration (montrer à l'enfant ce qu'il faut faire) 2) explication (dire à l'enfant exactement ce qu'il faut faire) 3) «*instruction proleptique*» (étroitement liée *à la «construction des significations partagées»*) (*ibidem*, p. 136*).

Dans les difficultés de lecture, Johnston (1985) souligne l'intérêt de la théorie vygotskyenne. L'observation du comportement de lecture chez l'enfant dans son contexte naturel, lequel permet de saisir les différents modèles de pensée des enfants et ainsi d'avoir accès à leurs buts et motifs, constitue l'élément crucial au niveau des recherches.

Meichenbaum (1974) souligne qu'en gérontologie, il serait utile, au niveau des traitements, de prendre en compte que lorsqu'on fournit des supports externes aux personnes âgées, leurs performances s'améliorent significativement, ces personnes échouant dans leur utilisation spontanée de médiateurs tels que stratégies, aides mnémoniques, auto-instructions, etc.

Brown & Ferrara (1985), à partir d'un certain nombre de travaux, se posent la question de l'implication de la zone proximale du développement concernant l'évaluation dynamique de l'apprentissage potentiel — dont les méthodes visent à mesurer, à partir d'une première réponse, l'amélioration qui s'effectue via l'interaction adulte-enfant — en opposition aux tests d'intelligence traditionnels de nature statique. Forns & Boada (1985) soulignent que parmi l'ensemble des modèles d'évaluation psychologique, la zone proximale du développement introduit dans le diagnostic la dimension éducative.

CONCLUSION

Dans cette brève revue de littérature, ont été esquissées les principales voies de recherche qui s'ouvrent aujourd'hui dans le cadre de la théorie psychologique de Lev. S. Vygotsky. Parmi les directions les plus marquantes et susceptibles de riche développement dans les années à venir, nous soulignerons plus particulièrement la problématique des unités d'analyse au plan épistémologique et méthodologique, le domaine des théories du langage et du signe ainsi que celui relatif à la construction interpsychique de l'activité mentale, dans ses aspects d'éducation informelle, formelle et spéciale, s'articulant notamment autour du concept-clé de zone proximale du développement.

BIBLIOGRAPHIE

AKHUTINA, T.V. (1978), The role of inner speech in the construction of an utterance, *Soviet Psychology*, XVI, 3, 3-31.
BEAUDICHON, J. & MELOT, A.M. (1972), Emergence et fonction du soliloque, *Psychologie Française*, 1, 1-2, 33-42.
BERK, L.E. (1985), Why children talk to themselves, *Young Children*, 40, 5, 46-52.
BRONCKART, J.P., BAIN, D., SCHNEUWLY, B., DAVAUD, C. & PASQUIER, A. (1985), *Le fonctionnement des discours. Un modèle psychologique et une méthode d'analyse*, Paris, Delachaux & Niestlé.
BROWN, A.L. & FERRARA, R. (1985), Diagnosing zones of proximal development, in J.V. WERTSCH (éd.), *Culture, communication and cognition*, New York, Cambridge University Press.
BRUNER, J.S. (1983), L'ontogenèse des actes du langage, in J.S. BRUNER, *Le développement de l'enfant. Savoir faire, savoir dire*, Paris, Presses Universitaires de France.
BRUNER, J.S. & HICKMANN, M. (1983), La conscience, la parole et la «zone proximale» : réflexions sur la théorie de Vygotsky, in J.S. BRUNER, *Le développement de l'enfant. Savoir faire, savoir dire*, Paris, Presses Universitaires de France.
CAMAIONI, L. (1981), Linguaggio interiore et linguaggio egocentrico : un paradigma unitario, *Età Evolutiva*, 8, 76-80.
CAMERON, C. & DAVIDSON, M.L. (1981), Development of sorting skills in elementary school children, *Social Behavior and Personality*, 9, 1, 1-7.
COLL, C. (1984), Estructura grupal, interacción entre alumnos y aprendizaje escolar, *Infancia y Aprendizaje*, 27-28, 119-138.
COLL, C. (1985), Acción, interacción y construcción del conocimiento en situaciones educativas, *Anuario de Psicología*, 33, 2, 59-70.
DAVYDOV, V.V. (1967), The problem of generalization in the works of L.S. Vygotsky, *Soviet Psychology*, V, 3, 42-52.
DAVYDOV, V.V. & RADZIKHOVSKII, L.A. (1985), Vygotsky's theory and the activity-oriented approach in psychology, in J.V. WERTSCH (éd.), *Culture, communication and cognition*, New York, Cambridge University Press.
DELEAU, M. (1989), Actualité de la notion de médiation sémiotique de la vie mentale, *Enfance*, 42, 1-2, 31-38.
DEL RIO, P. & ALVAREZ, A. (1985), La influencia del entorno en la educación : la aportación de los modelos ecológicos, *Infancia y Aprendizaje*, 29, 3-32.
DIAZ, R. & PADILLA, K. (1985), Teoría e investigaciones empíricas sobre el lenguaje privado, *Anuario de Psicología*, 33, 2, 43-58.
EMERSON, C. (1983a), The outer word and inner speech : Bakhtin, Vygotsky, and the internalization of language, *Critical Inquiry*, 10, 245-264.
EMERSON, C. (1983b), Bakhtin and Vygotsky on internalization of language, *The Quaterly Newsletter of the Laboratory of Comparative Human Cognition*, 5, 1, 9-13.
FIJALKOW, J. (1989), Auto langage et apprentissage de la lecture, *Enfance*, 42, 1-2, 83-90.

FORMAN, E.A. & CAZDEN, C.B. (1985), Exploring vygotskian perspectives in education : the cognitive value of peer interaction, in J.V. WERTSCH (éd.), *Culture, communication and cognition*, New York, Cambridge University Press.

FORNS, M. & BOADA, H. (1985), Consideraciones sobre la zona de desarrollo potencial desde la evaluación psicológica, *Anuario de Psicología*, 33, 2, 71-79.

FRAUENGLASS, M. & DÍAZ, R. (1985), Self-regulatory functions of children's private speech : a critical analysis of recent challenges to Vygotsky's theory, *Developmental Psychology*, 21, 2, 357-364.

FRAWLEY, W. & LANTOLF, J. (1986), Private speech and self regulation : a commentary on Frauenglass and Díaz, *Developmental Psychology*, 22, 5, 706-708.

FUSON, K. (1979), The development of self-regulating aspects of speech : a review, in G. ZIVIN (éd.), *The development of self-regulation through private speech*, New York, Wiley.

HICKMANN, M. & WERTSCH, J.V. (1978), Adult-child discourse in problem solving situations, *Papers from the fourteenth meeting, Chicago linguistics society*, Chicago, Chicago Linguistics Society.

HICKMANN, M. (1985), The implication of discourse skills in Vygotsky's developmental theory, in J.V. WERTSCH (éd.), *Culture, communication and cognition*, New York, Cambridge University Press, 236-257.

JOHN-STEINER, V. & TATTER, P. (1983), An interactionist model of language development, in B. BAIN (éd.), *The sociogenesis of language and human conduct*, New York, Plenum Press.

JOHN-STEINER, V. & PANOFSKY, P. (1985), Processus sociogénétiques de la communication verbale in B. SNCHEUWLY ' et J.P. BRONCKART (éds.), *Vygotsky aujourd'hui*, Neuchâtel-Paris, Delachaux & Niestlé.

JOHNSTON, P. (1985), Investigating reading failure as an integrated human activity : a vygotskian approach to reading disabilities reasearch, *Research Communications in Psychology, Psychiatry and Behavior*, 10, 1 & 2, 99-127.

LEE, B., WERTSCH, J.V. & STONE, A. (1983), Towards a vygotskian theory of the self, in B. LEE & G. NOAM (éds.), *Developmental approaches to the self*, New York et Londres, Plenum Press.

LEE, B., HICKMANN, M. (1983), Language, thought, and self in Vygotsky's developmental theory, in B. LEE & G. NOAM (éd.), *Developmental approaches to the self*, New York et Londres, Plenum Press.

LEE, B. (1985), Intellectual origins of Vygotsky's semiotic analysis, in J.V. WERTSCH (éd.), *Culture, communication and cognition*, New York, Cambridge University Press.

MEICHENBAUM, D. (1974), Self-instructional strategy training : a cognitive prothesis for the aged, *Human Development*, 17, 273-280.

MEICHENBAUM, D. (1975), Theoretical and treatment implications of developmental research on verbal control of behavior, *Canadian Psychological Review*, 16, 1, 22-27.

MORO, C. & RODRIGUEZ, C. (1988), A propos de la divergence Piaget-Vygotsky, une suggestion pour une approche du développement au premier âge, *Actes du 7ème colloque européen de CHEIRON*, Budapest, 4-8 septembre, 451-464.

MORO, C. & RODRIGUEZ, C. (1989), L'interaction triadique bébé-objet-adulte durant la première année de la vie de l'enfant, *Enfance*, 42, 1-2, 75-82.

MORO, C. & RODRIGUEZ, C. (à paraître), How children learn to give meaning to things. Suggestions for a semiological analysis of the zone of proximal development.

PANOFSKY, C., JOHN-STEINER, V. & BLACKWELL, P. (1985), El desarrollo de los conceptos científicos : una incursión en la teoría de Vygotski, *Anuario de Psicología*, 33, 2, 81-90.

PELLEGRINI, A.D. (1984), The development of the functions of private speech : a review of the Piaget-Vygotsky debate, in A.D. PELLEGRINI & T. YAWKEY (éds.) *The development of oral and written language in social context*, Norwood, Ablex, 57-69.

PORTES, P.R. (1985), The role of language in the development of intelligence : Vygotsky revisited, *Journal of research and development in education*, 18, 4, 1-10.

RADZIKHOVSKII, L.A. (1987), Activity : structure, genesis and unit of analysis, *Soviet Psychology*, vol. XXV, 1, 82-98.

ROGOFF, B., MALKIN, C. & GILBRIDE, K. (1984), Interaction with babies as guidance in development, in B. ROGOFF & J.V. WERTSCH (éds.), *Children's learning in the «zone of proximal development»*, n° 23, in *New directions for child development*, San Francisco, Jossey-Bass.
SCHNEUWLY, B. (1985), La construction sociale du langage écrit chez l'enfant, in B. SCHNEUWLY & J.P. BRONCKART (éds.), *Vygotsky aujourd'hui*, Neuchâtel-Paris, Delachaux & Niestlé.
SCHNEUWLY, B. (1987), Les capacités humaines sont des constructions sociales. Essai sur la théorie de Vygotsky, *European Journal of Psychology of Education*, 1, 4, 5-16.
SCHNEUWLY, B. (1988), *Le langage écrit chez l'enfant. La production des textes informatifs et argumentatifs*. Neuchâtel-Paris, Delachaux et Niestlé.
SCHNEUWLY, B. (1989a), La conception vygotskyenne du langage écrit. *Etudes de linguistique appliquée*, 73, 107-117.
SCHNEUWLY, B. (1989b), Le 7ème chapitre de «Pensée et langage» de Vygotsky : esquisse d'un modèle psychologique de production langagière, *Enfance*, 42, 1-2, 23-30.
SERRA, M. (1985), Estética y psicología : dejando el arte en el silencio para comprender las raíces de la palabra. Comentario a Vygotski, *Anuario de Psicología*, 33, 2, 140-149.
STONE, C.A. (1985), Vygotsky's developmental model and the concept of proleptic instruction : some implications for theory and research in the field of learning disabilities, *Research Communications in Psychology, Psychiatry and Behavior*, 10, 1 & 2, 129-152.
VALSINER, J. (1984), Construction of the zone of proximal development in adult-child joint action : The socialization of meals, in B. ROGOFF & J.V. WERTSCH (éds.), *Children's learning in the «zone of proximal development»*, n° 23, in *New directions for child development*, San Francisco, Jossey-Bass.
VAN DER VEER, R. & VAN IJZENDOORN, M.H. (1985), Vygotsky's theory of the higher psychological processes : some criticisms, *Human Development*, 28, 1-9.
VILA, I. (à paraître, a), Lev Semionovitch Vygotski : *la mediación semiótica de la mente*.
VILA, I. (à paraître, b), *Aprendiendo a regular la acción conjunta : el formato de dar y tomar*.
VILA, I. & BOADA, H. (à paraître), *Consciencia e interacción social. Las propuestas de la psicología soviética*.
VYGOTSKY, L.S. (1985), *Pensée et langage*, Paris, Editions Sociales.
WERTSCH, J.V. (1978), Adult-child interaction and the roots of metacognition, *The Quarterly Newsletter of the Institute for Comparative Human Development*, 2, 1, 15-18.
WERTSCH, J.V. (1984), The zone of proximal development : some conceptual issues, in B. ROGOFF & J.V. WERTSCH (éds.), *Children's learning in the «zone of proximal development»*, n° 23, in *New directions for child development*, San Francisco, Jossey-Bass.
WERTSCH, J.V. (1985a), *Vygotsky and the social formation of mind*, Cambridge, Harvard University Press.
WERTSCH, J.V. (1985b), La médiation sémiotique de la vie mentale : L.S. VYGOTSKY et M.M. BAKHTINE, in B. SCHEUWLY & J.P. BRONCKART (éds.), *Vygotsky aujourd'hui*, Neuchâtel-Paris, Delachaux & Niestlé.
WERTSCH, J.V., ROGOFF, B. (1984), Editors' Notes, in B. ROGOFF & J.V. WERTSCH (éds.), in *Children's Learning in the «Zone of Proximal Development»*, n° 23, in *New Directions for Child Development*, San Francisco, Jossey-Bass.
YADEN, D.B.(1984), Inner speech, oral language, and reading : Huey and Vygotsky revisited, *Reading Psychology : An International Quarterly* 5, 155-166.
ZINCHENKO, V.P. (1985), Vygotsky's ideas about units for the analysis of mind, in J.V. WERTSCH (éd.), *Culture, communication and cognition*, New York, Cambridge University Press.
ZIVIN, G. (éd.) (1979a), *The development of self-regulation through private speech*, New York, Wiley.
ZIVIN, G. (1979b), Removing common confusions about egocentric speech, private speech, and self-regulation, in G. ZIVIN (éd.), *The development of self-regulation through private speech*, New York, Wiley.
—, —. (1983), L.S. Vygotsky and contemporary defectology, *Soviet Psychology*, XXI, 4, 79-90.

Introduction

Vygotsky, malgré une carrière d'une extrême brièveté, fut l'un des plus brillants représentants de la psychologie scientifique du vingtième siècle. Dix ans seulement lui suffirent pour réaliser nombre de travaux importants : il analysa à fond les différentes théories psychologiques de son temps, proposa des solutions originales à divers problèmes parmi les plus complexes de la psychologie, formula une nouvelle conception de l'origine et de la nature des fonctions supérieures, rédigea quelque deux cents travaux scientifiques — dont plusieurs ouvrages — sur des thèmes variés et contribua à la création et à l'organisation d'institutions pour les enfants déficients en Union Soviétique; il laissa un long sillage d'influence et un projet sur l'avenir de la psychologie dont la richesse est loin d'être épuisée. Entre 1924, année où Vygotsky fit une conférence sur «les méthodes de recherche en réflexologie et en psychologie» au deuxième congrès panrusse de psychoneurologie, et 1934, année où il mourut d'une tuberculose, s'écoula la «décade prodigieuse». Il était auparavant totalement inconnu en psychologie. Ensuite, il tomba dans l'oubli; son œuvre demeura relativement méconnue (sauf d'un petit groupe de disciples) durant vingt ans, tant en Union Soviétique qu'à l'extérieur. En 1956, on réédita *Pensée et langage*, un ouvrage majeur de Vygotsky. Cette parution a coincidé avec le processus de libéralisation et d'ouverture conceptuelle consécutif à la déstalinisation. Les psychologues occidentaux qui ont traduit cette œuvre en 1962 découvrirent avec stupéfaction un foisonnement de propositions d'une grande profondeur qui de plus, allaient de pair avec le «nouveau» style d'étude des fonctions cognitives (qui était alors en train de se développer). Ces propositions remettaient également en question directement ou indirectement nombre de présupposés essentiels. Depuis lors, l'influence de Vygotsky n'a pas cessé de croître et, en 1987, il demeure, sous de nombreux aspects, un psychologue tout à fait actuel et parfois en avance sur notre temps. Il nous donne l'impression que dix ans lui suffirent pour saisir la perspective d'un siècle. Dix années de production intensive, vingt ans d'oubli et enfin la redécouverte toujours plus évidente d'une perspective qui, pour beaucoup d'entre nous, contient quelques-unes des propositions les plus prometteuses et des analyses parmi les plus perspicaces de la psychologie de ce siècle. Il y a aujourd'hui effectivement un «Zeitgeist» vygotskyen dans l'analyse de l'origine des fonctions supérieures et des symboles (cf., par exemple, Lock, 1978), dans l'orientation pragmatique de la psycholinguistique contemporaine (par exemple, Ochs & Schieffelin, 1979), dans l'examen des relations entre apprentissage et développement (Brown, 1982), dans la recherche transculturelle concernant les processus de la connaissance (LCHC, 1979). Vygotsky peut, à juste titre, être qualifié de «visionnaire».

Il n'est de loin pas facile d'expliquer comment une œuvre d'une telle importance a pu être réalisée en dix ans de carrière scientifique seulement. Celle-ci ne peut être comprise que si l'on considère qu'il s'agit de l'intégration, par un esprit brillant, d'une époque perçue comme un commencement où l'on considérait que tout devait être recréé. Comme l'a indiqué Mecacci (1979, 1983), Vygotsky est en psychologie le représentant de l'extraordinaire génération des années immédiatement postérieures à la Révolution Soviétique, comme le fut, pour le cinéma Eisenstein (lui-même ami de Vygotsky), ou dans le domaine de l'éducation Lunacharsky (avec lequel Vygotsky collaborait). La génération des années vingt croyait encore en la possibilité de reconstruire la science, l'art, la société et l'homme lui-même en leurs fondements. De même Vygotsky se proposait l'entreprise colossale de reconstruire la psychologie, en laquelle il croyait profondément. De remarquables qualités permirent à Vygotsky d'être à la hauteur de cette tâche à ce moment précis : sa capacité à concilier la profondeur d'analyse avec la clarté et la simplicité des solutions, son adresse à dissocier les problèmes essentiels des secondaires, son habileté à construire des synthèses originales à partir d'éléments éloignés en apparence, furent remarquables. Sa vie fut brève, le foisonnement de son époque le fut aussi. Survint ensuite la période stalinienne et les travaux de Vygotsky furent mis sous le boisseau attendant des jours meilleurs pour renaître.

Ceux qui connurent Vygotsky sont d'accord pour déclarer qu'il n'y avait pas chez lui qu'une patiente productivité et une intelligence claire, mais qu'il était un génie. Son grand ami et collaborateur Alexander R. Luria en donnait le commentaire suivant : «Vygotsky fut sans doute un génie. Après plus d'un demi-siècle sur le chemin de la science, je ne peux nommer aucune autre personne qui ait approché son exceptionnelle clarté de pensée, son incroyable capacité à transformer de façon simple les problèmes les plus complexes, sa capacité de montrer le chemin et de prévoir le développement de la science» (1979, p. 27). Comme cela arrive toujours en pareil cas, les mécanismes intimes et géniaux, caractéristiques de sa production nous échappent en grande partie. Cependant nous pouvons au moins tenter de les cerner, c'est-à-dire de comprendre une œuvre qui fut avant tout «une aventure de l'esprit» (Levitin, 1982) et de la situer dans un contexte biographique et historique qui lui donne son sens original, mais qui est loin d'en épuiser la totale signification. Nous nous consacrerons à ce travail dans les pages qui suivent.

Chapitre I
Notes biographiques : la période de formation

Très peu d'observations biographiques ont été conservées sur Vygotsky. Comme pour tant d'aspects de son œuvre, sa biographie laisse apparaître une grande pénurie de sources et d'études en profondeur. Cependant, les recherches de Luciano Mecacci (1979, 1983), les observations de Luria (1979) et les commentaires de Semyon Dobkin (1982) nous en apportent, au moins, les données essentielles.

D'après ce que nous savons, Lev Sémionovitch Vygotsky naquit le 5 novembre 1896 à Orsha, petite ville située sur les bords du Dniepr, non loin de Minsk, capitale de la Biélorussie. Un an après la naissance de Vygotsky, sa famille quitta Orsha pour Gomel, autre ville de Biélorussie. Cette localité où avaient été installés les juifs dans la Russie tsariste, relativement petite mais active, fut réellement la ville de Vygotsky, celle où il vécut son enfance et sa jeunesse et où il commença à travailler. A Gomel, la famille de Vygotsky occupait une position assez confortable. Le père était chef de département à la Banque Centrale et représentant d'une compagnie d'assurances. Selon la description de Dobkin (1982), le père de Vygotsky était un homme intelligent, à l'esprit ouvert, ironique et sérieux tout à la fois et préoccupé de culture : une bibliothèque publique fut ouverte à Gomel sur son initiative. La mère de Vygotsky était une femme cultivée : elle connaissait différentes langues (elle parlait bien l'allemand qu'elle enseignait à Vygotsky depuis sa plus tendre enfance) et elle était très intéressée par la poésie, comme le fut également plus tard Lev Sémionovitch. Vygotsky était le second de huit enfants (une sœur aînée et, après lui, quatre sœurs et deux garçons, qui étaient les cadets). La bonne entente régnait dans la famille de Vygotsky. Ce facteur fut sans doute celui qui eut le plus de retentissement sur le développement de Vygotsky et qui aura probablement pesé de manière indirecte sur quelques-unes de ses conceptions ultérieures (ainsi par exemple, il semble intéressant d'établir une relation entre les réunions aux discussions animées que les membres de la famille tenaient chaque soir autour du thé et la conception ultérieure de Vygotsky du raisonnement comme intériorisation du dialogue social). En tout cas, il ne fait pas de doute que Vygotsky a bénéficié au cours de son développement d'une ambiance équilibrée et stimulante du point de vue culturel.

En témoigne le soin que prirent les parents de Lev à son éducation. Comme ils ne considéraient pas que l'enseignement du «Gymnasium» public fût adapté, ils cherchèrent un professeur privé qu'ils trouvèrent en la personne de Solomon Ashpiz. Tout indique que ce dernier eut une grande influence sur Vygotsky. Ashpiz avait participé, comme étudiant, au mouvement révolutionnaire, ce pour quoi il avait été déporté en Sibérie. C'était un homme aimable, jovial, très respectueux du développement spontané de la pensée de ses élèves. Il enseignait, avant tout, à penser avec indépendance (Dobkin, *op. cit.*). Il n'admettait que des élèves très capables, auxquels il essayait de procurer les outils nécessaires à l'expression de leurs compétences spécifiques. Mathématicien, Ashpiz enseignait également des matières autres que les mathématiques procurant ainsi une formation variée à ses élèves.

Dobkin raconte que plusieurs années durant, des camarades plus jeunes se réunissaient autour de Vygotsky dans une sorte de séminaire qui avait pour thème l'histoire des juifs. Dans la Russie tsariste, le problème des nationalités et des minorités ethniques se posait avec acuité. Vygotsky qui dirigeait ces réunions, se montrait enthousiaste quant aux problèmes de philosophie de l'histoire, et spécialement, concernant la dialectique hégélienne. Durant ces années, bien qu'il ne fût pas encore bachelier, se dessinait déjà le style de pensée dont son travail scientifique devait être plus tard empreint : celui de la perspective historique et dialectique des problèmes qui est un des traits essentiels de sa psychologie.

Durant ses années de formation, outre par Ashpiz, Lev Sémionovitch fut également fortement influencé par son cousin David Vygodsky (plus tard, Lev, qui pensait que sa famille provenait de la localité de Vygotovo, remplaça lui-même le «d» initial de son nom de famille par un «t»). David, de quelques années plus âgé que Lev, devint un important linguiste, proche des idées formalistes de Viktor Shklovsky et de Roman Jackobson (qui fut l'un des «découvreurs» de Vygotsky en Occident; cf. Levitin, 1982). David et Lev avaient plusieurs inclinations communes : l'intérêt pour la sémiologie et les problèmes linguistiques, la passion pour la poésie et le théâtre (David n'était d'ailleurs pas seulement amateur de poésie, c'était également un bon poète), l'enthousiasme pour la philatélie et l'espéranto. Il fut le conseiller intellectuel de Lev Sémionovitch à cette époque à Gomel.

Durant les dernières années qui précédèrent son baccalauréat, Vygotsky fréquentait le «Gymnasium» juif de Gomel, dirigé par Ratner. Bien que le niveau de ce centre fût assez élevé, Lev se distingua clairement par sa capacité à analyser les problèmes en profondeur, son «habileté à penser», comme le dit Dobkin. Dans la situation des juifs de la Russie tsariste de cette époque, il était nécessaire d'obtenir des résultats très élevés pour pouvoir accéder à l'enseignement supérieur. Le Ministère de l'Education limitait à trois pour cent les places que pouvaient occuper les juifs dans les Universités de Moscou et de Saint-Pétersbourg. Alors que Vygotsky passait les examens finaux de son baccalauréat, parut un nouveau règlement ministériel dans lequel les dispositions à l'égard des juifs étaient encore plus sévères. Malgré tout, Lev réussit ses examens et, sur l'insistance de ses parents, il demanda à s'inscrire à la Faculté de médecine de Moscou où il fut admis en 1913.

Cependant, Vygotsky n'avait pas le désir, à cette époque-là, de faire des études de médecine. Ses études et intérêts s'orientaient, depuis l'école secondaire, vers la linguistique et la littérature, les langues classiques, la critique et la philosophie. Avant de commencer ses études universitaires à Moscou, Vygotsky avait développé une importante formation humaniste. Cet élément de la biographie de Vygotsky est essentiel pour comprendre l'apport postérieur de Vygotsky à la psychologie : l'analyse critique des problèmes avec les instruments que lui procurait sa sensibilité humaniste, la tendance à les considérer dans une perspective historique et selon un point de vue dialectique ainsi que l'intérêt pour le versant sémiologique furent les bases de ses importants apports ultérieurs. Ces points fondamentaux, dont les racines sont à rechercher au plus profond du caractère humaniste de son éducation et de ses intérêts, avaient déjà fait l'objet d'un large développement lorsque Vygotsky entreprit ses études universitaires. C'est pour cette raison qu'il décida de changer l'orientation de ses études et qu'il s'inscrivit à la Faculté de droit.

Il est curieux de constater que dans les dernières années de sa vie (à plus de 30 ans), Vygotsky entama alors des études de médecine, études auxquelles il avait renoncé à l'âge de 17 ans. Cet apparent paradoxe biographique avait cependant une profonde logique : la conception historique du développement des fonctions supérieures, conception à laquelle il était parvenu grâce à sa formation humaniste, le conduisait à reformuler le problème de l'organisation neurologique des fonctions supérieures. C'est ainsi que Vygotsky commença des études de médecine (que sa mort prématurée l'empêcha de terminer) alors qu'il y était incité par sa propre évolution intellectuelle et non par des pressions externes. A 17 ans, il était fortement attiré par les sciences humaines, la philosophie et la littérature. En accord avec la distinction communément admise de nos jours, nous pouvons dire que Vygotsky était un homme «de lettres».

L'Université impériale de Moscou (dont les diplômes étaient les seuls reconnus) ne formait pas à l'histoire et à la philosophie. Vygotsky s'inscrivit alors en droit et poursuivit les études qui lui tenaient le plus à cœur, c'est-à-dire celles de philosophie et d'histoire à l'Université populaire de Shanyavsky. Cette Université était une institution libre dont les diplômes n'étaient pas reconnus par les autorités éducatives de la Russie tsariste. Elle accueillait des intellectuels de grande valeur, expulsés de l'Université impériale pour des raisons politiques. L'ambiance intellectuelle à Shanyavsky influença beaucoup plus Vygotsky que celle de la Faculté de droit et de l'Université impériale, ambiance qui était plus en accord avec son esprit critique et analytique. Au demeurant, bien que ses études de droit aient pu l'influencer (par exemple, dans sa capacité à analyser les problèmes en fonction d'une pluralité de perspectives parfois même opposées, ainsi que dans le perfectionnement de sa capacité à parler en public, une des qualités les plus remarquables de Vygotsky) ce sont les problèmes de philosophie et de littérature qui absorbèrent le maximum de son temps et de son attention.

Vygotsky fut toujours, et fondamentalement, un philosophe et un sémiologue. Alors qu'il était encore à l'école secondaire, il avait lu avec une extrême attention le livre du linguiste Alexander Potebnya, intitulé *Pensée et langage* (l'ouvrage ultérieur de Vygotsky s'intitule en fait *Pensée et parole*, bien qu'il ait été traduit en anglais, espagnol et français sous le même titre que celui de Potebnya), qui traitait dans un sens psychologique des questions de sémiologie. Lev Sémionovitch s'intéressait aux problèmes liés aux mécanismes psychologiques de la création littéraire et aux questions sémiologiques en rapport avec la structure et les fonctions des symboles, des signes et des images poétiques. Sa préoccupation pour ces problèmes ne fut pas le résultat de ses recherches psychologiques mais bien plutôt le contraire. En outre, les intérêts sémiologiques de Vygotsky se sont toujours insérés dans une préoccupation philosophique plus large ressortissant à l'idée — qu'il développa plus tard — que l'approfondissement de l'origine des signes permettait aussi de cerner l'origine de l'homme et de la culture.

Vygotsky aborda les problèmes de critique, d'esthétique et de sémiologie comme un penseur ou, si l'on veut, comme un philosophe, qui essayait de mettre à jour les mécanismes de la construction esthétique en fonction d'une conception dialectique globale de l'homme et de la culture. Rappelons que *La psychologie de l'art*, en 1925, était introduite par une pensée de Spinoza qui, selon Vygotsky, lui aurait servi de noyau conceptuel lorsque lui-même développa ses idées. Vygotsky s'était toujours intéressé à Spinoza. C'était son penseur préféré. A ce qu'il semble, dans les années qui précédèrent son baccalauréat, il commença un travail ambitieux sur la philosophie de Spinoza qu'il ne parvint pas à terminer et, vers la fin de sa vie, il écrivit un important article dont le sujet était «La théorie des émotions de Spinoza à la lumière de la psychoneurologie contemporaine». Avec raison, Vygotsky voyait une profonde relation entre son propre mode de pensée et la pensée de Spinoza. Cette communauté d'idées résidait dans l'essence *dialectique* de la philosophie de Spinoza, dans la conception de l'homme comme «instrument de la pensée» de la Nature (conçue comme unité), dans la compréhension de la pensée comme action du corps organisé, comme fonction propre de l'être matériel dans sa plus haute expression. Lorsque Vygotsky parlait des «fonctions supérieures», il faisait référence au fait que la pensée comme *fonction* universelle *n'est pas déductible* de la structure statique et «spatiale» de la matière. La philosophie de Spinoza, dont Vygotsky avait été un lecteur attentif et réfléchi, animait sa pensée en profondeur.

Ainsi que nous l'avons indiqué, ce qui était commun chez Spinoza et Vygotsky, concernait la nature essentiellement dialectique de leur pensée. La dialectique chez Vygotsky n'était ni un catéchisme, ni un dogme, mais simplement la structure même de son mode de pensée, presque aussi naturelle que la respiration. Pour Vygotsky, comprendre un problème revenait à le situer dans sa genèse dialectique. Il est certain que le fait de s'être familiarisé (depuis les années d'école) avec la dialectique comme méthode et avec la pensée marxiste dans ses fondements les plus profonds, le dispensa de développer une attitude soumise ou scolastique comme celle qui finalement s'imposa lors de la période stalinienne. Le marxisme était, chez Vygotsky, un outil au service de sa pensée et non un ensemble de vérités révélées. Ceci explique que Vygostky, qui fut un *penseur* marxiste, ne fit montre d'aucune soumission au marxisme comme *idéologie*. Comme l'affirme Kozulin, «il prit la position la plus élégante et la plus difficile, tout au moins dans les circonstances soviétiques : traiter Marx comme un théoricien de la manière dont il pouvait traiter Hegel, Freud et Durkheim, sans préjugés» (1984, p. 116). Naturellement, cette attitude finit par lui créer des problèmes à la fin de sa vie. Mais ce qu'il est important de noter ici, c'est que le marxisme de Vygotsky ne fut pas le résultat d'une évolution (que les circonstances auraient plus ou moins favorisée ou impulsée) simultanée ou consécutive à sa psychologie, mais bien le résultat d'une attitude profonde, développée à partir de la connaissance des textes de Hegel, Marx et Engels, — qui lui étaient familiers alors qu'il n'avait *pas encore* entrepris ses études universitaires —, et qu'il continua à approfondir pendant sa période de formation universitaire à Shanyavsky.

Durant ces années (et celles immédiatement postérieures), Vygotsky employa les catégories intellectuelles de la dialectique pour aborder en particulier les problèmes liés à la littérature, qui fut toujours sa grande passion intellectuelle. Cette passion, il la partageait avec son cousin David ainsi qu'avec sa mère, mais également avec un curieux personnage qui l'influença fortement au cours de ses années d'université : il s'agissait de Vladimir Uzin, le traducteur des œuvres de Lope de Vega en russe; c'était un autodidacte qui connaissait plusieurs langues et qui était l'auteur de nombreux travaux de critique. A Gomel, durant les étés universitaires, V. Uzin perfectionnait les connaissances en latin de Vygotsky. C'est à Gomel également que Vygotsky développa une intense activité en rapport avec l'art. Depuis ses débuts à l'université, (quand il retournait à Gomel pour les vacances), il se réunissait avec ses amis pour commenter ses poètes favoris, tels que Sasha Cherny, Tyuchev, Blok, Heine. Par ailleurs, il connaissait excellemment le roman (en particulier Dostoïevsky, mais également Tolstoï). Cependant sa grande passion fut toujours le théâtre : Shakespeare, Gogol, etc. Il eut même des activités de «directeur de théâtre» avec le petit groupe de jeunes amateurs de Gomel. Ultérieurement, lors de son séjour postuniversitaire à Moscou, il fut en étroite relation avec le cinéaste Sergei Eisentein dont la façon d'exposer les problèmes esthétiques et la théorie du cinéma influencèrent beaucoup les idées de Vygotsky et de Luria.

Il est important de noter qu'avant de terminer ses études universitaires, Vygotsky avait, de manière très significative, fait progresser sa construction d'un «style mental» tel qu'il lui permettrait d'aborder plus tard les problèmes psychologiques. Ce style ainsi que l'a observé Schedrovitsky (1982) peut se définir principalement par les caractéristiques suivantes :

1. Une tendance à considérer les problèmes en tant que méthodologue et à s'interroger sur les bases méthodologiques de la psychologie comme un tout.
2. Situer dans une perspective historique les problèmes psychologiques et la psychologie elle-même.
3. Considérer comme essentiel le problème de la nature, de la pensée et de la structure des signes ainsi que l'orientation sémiotique de la pensée.
4. La propension intellectuelle à synthétiser les optiques historique et dialectique avec le point de vue structural des problèmes.

Telles furent les caractéristiques essentielles de la psychologie de Vygotsky. Elles résument également son «mode de pensée», qui était le fruit d'une évolution très pure et bien antérieure à ses préoccupations psychologiques.

Les études universitaires de Vygotsky coïncidèrent avec la période troublée qui précéda la révolution soviétique. Et il les termina lorsque la révolution de 1917 éclata. A maints égards, Vygotsky était un fils de la révolution. Il participa activement au projet de construction d'une nouvelle société et de développement d'une nouvelle culture. Lorsqu'il eut terminé le cycle universitaire, il retourna à Gomel où il demeura de 1917 à 1924. Cette période peut être considérée comme une phase de transition active jusqu'au moment où il se retrouva à Moscou, lorsqu'il commença à occuper une position relevante dans l'histoire de la psychologie soviétique. Durant l'étape de Gomel (pendant les années 1919-1920), Vygotsky fut victime de la tuberculose (ainsi que quelques membres de sa famille) et il dut se faire hospitaliser, pour la première fois, dans un sanatorium en 1920. Semyon Dobkin (1982) rapporte que Vygotsky — à l'âge de 24 ans — croyait très peu en ses chances de survie et qu'il lui donna quelques manuscrits afin qu'ils soient publiés après sa mort. Heureusement, ses craintes ne s'accomplirent pas aussi rapidement quoique les phases oscillantes de sa maladie l'obligèrent à entretenir une lutte consciente contre le temps durant les quatorze années qui lui restaient encore à vivre.

Pour Vygotsky, les années de Gomel furent importantes, tant sur le plan professionnel que sur le plan personnel. De ce point de vue, nous pouvons signaler qu'en 1924, il épousa Roza Smekhova, qui joua dans la vie de Vygotsky un rôle très important. Avec beaucoup de doigté, elle aida Vygotsky à dépasser les nombreuses périodes difficiles dont fut émaillé leur séjour à Moscou (Vygotsky eut une fille, Gita Vygotskaya, qui se consacra à la pédagogie). Trois pôles d'intérêt marquèrent les activités scientifiques et professionnelles de Vygotsky : 1. les questions pédagogiques et éducatives; 2. l'esthétique, la critique et la promotion institutionnelle de l'art; 3. les problèmes à proprement parler psychologiques. Sous cette diversité apparente d'occupations et d'intérêts lors de la période de Gomel, il y avait, cependant, une unité de propos qui concernait la nature des fonctions supérieures spécifiquement humaines. Cette considération le conduisit à essayer de rendre compte, tant sur le plan de l'art que sur celui de l'éducation, des fonctions de création culturelle. Les intérêts psychologiques de Vygotsky sont issus en fait de sa préoccupation fondamentale de la compréhension de la *genèse de la culture* (de la même manière que les intérêts psychologiques de Piaget s'enracinent dans sa préoccupation fondamentale de la genèse des connaissances). Nous allons décrire brièvement les activités de Vygotsky dans les trois domaines déjà signalés (pédagogie, esthétique et psychologie), pendant ses années de présence à Gomel :

1. Vygotsky fut professeur dans plusieurs institutions de Gomel. Vers la fin de 1918, avec David Vygodsky, il commença à donner des cours de littérature destinés aux futurs enseignants. Il donna aussi des cours d'esthétique et d'histoire de l'art au Conservatoire. De plus, il enseigna la psychologie à l'Ecole Normale. Ensuite, à Moscou, il donna des cours à l'Académie d'éducation communiste Krupskaya et prit en charge la chaire de pédologie de la deuxième Université d'Etat de Moscou. Dans les dernières années de sa vie, il enseigna à l'Institut pédagogique Hertzen à Léningrad. En résumé : il se consacra durant toute sa vie professionnelle à l'enseignement. Il fut avant tout un professeur. Son activité ne se limitait pas à la pratique didactique mais se complétait toujours par un intense intérêt théorique pour les sujets pédagogiques et pédologiques, tant sur le plan de l'éducation normale que de l'éducation spéciale. Comme l'a indiqué Manacorda (1979), Vygotsky fut enseignant, pédagogue et pédologue avant d'être psychologue. Il était toujours intéressé à lier la psychologie scientifique au travail éducatif, et ses travaux psychologiques furent nourris d'observations et d'expériences recueillies en situation éducative réelle. Cette référence avait une profonde signification dans la conception vygotskyenne de l'éducation formelle comme *instrument essentiel d'acculturation et d'humanisation*.

Il est certain que la référence systématique au contexte éducatif n'était pas seulement le reflet de la vocation pédagogique de Vygotsky. Elle découlait de manière naturelle de sa conception de la genèse des fonctions supérieures et de la nature de l'explication scientifique en psychologie (cf. Cole & Scribner, 1978). Pour Vygotsky, les fonctions supérieures résultaient de l'acculturation, de l'influence culturelle sur l'apprentissage et sur le développement, et ne pouvaient être expliquées que dans leur genèse, à travers leur histoire, en les situant dans leur contexte d'origine. Ainsi, *l'humanisation était un produit de l'éducation formelle et informelle*, conçue en termes d'interaction. C'est pour cette raison que Vygotsky concevait l'école et les situations d'éducation informelle comme le meilleur «laboratoire naturel» (l'expression *laboratoire culturel* conviendrait peut-être encore mieux) de la psychologie humaine. En même temps, il sentait que l'objectif pragmatique essentiel de la psychologie elle-même était l'amélioration et le perfectionnement de l'éducation réelle, c'est-à-dire l'amélioration et le perfectionnement de l'homme lui-même. En définitive, l'éducation était pour Vygotsky le domaine obligé de l'observation et le champ principal où se traduit en termes pragmatiques la psychologie scientifique.

Mais en dehors de leurs implications psychologiques, l'éducation et l'école intéressaient Vygotsky pour elles-mêmes. Durant la période de Gomel, il réalisa ses premiers travaux de pédagogie et de didactique : en 1922, parut un rapport sur «les méthodes d'enseignement de la littérature à l'école secondaire», et depuis ce moment-là jusqu'à sa mort, il ne cessa de publier des articles, des commentaires et des observations à caractère pédagogique. En 1926, Vygotsky publia un livre sur la *Psychologie pédagogique*, qui reprenait les points essentiels de son enseignement de psychologie à l'Ecole Normale de Gomel. Cette œuvre se situait dans une tradition objectiviste (de style réactologique, qui s'appuyait encore largement sur le concept de réflexe). Ceci démontre que Vygotsky avait, depuis le début, mis en rapport ses intérêts pédagogiques avec l'exigence de l'explication psychologique des processus d'apprentissage et de développement.

Cependant, à Gomel, les pièces du puzzle conceptuel qui devaient conduire par la suite à la théorie de la genèse historico-culturelle des fonctions supérieures, n'étaient pas encore organisées. Les catégories psychologiques se référant aux processus élémentaires d'apprentissage et les catégories sémiotiques applicables aux produits supérieurs de l'art et de la culture coexistaient sans cependant former encore une synthèse unitaire. La théorie psychologique de Vygotsky fut surtout le résultat de la synthèse dialectique de ces catégories et les données dont nous disposons ne nous permettent pas d'affirmer que Vygotsky ait réalisé cette synthèse avant les années 1925-1930, alors qu'il travaillait déjà à Moscou.

2. Le deuxième pôle d'activités et d'intérêts de Vygotsky, à Gomel, est en rapport avec la passion qu'il entretenait depuis longtemps pour la

littérature et l'art. Il ne se limita pas non plus, en ces domaines, aux considérations théoriques : à Gomel, Vygotsky s'occupa activement de la promotion de l'art; il fut directeur de la section de théâtre du Commissariat de l'instruction publique de la ville et fonda la revue *Veresk*, consacrée à la critique et à la littérature de création et d'avant-garde. De plus, il organisa des «lundis littéraires», au cours desquels étaient discutées, présentées et commentées les œuvres de nouveaux romanciers, essayistes et poètes d'Union Soviétique. Avec Dobkin et David Vygodsky, il s'occupa également d'édition.

La plus grande partie des travaux de la période de Gomel se rapporte aux domaines de l'esthétique, de la critique et de la théorie de la littérature. Nous retrouvons principalement ces travaux dans l'ouvrage important *La psychologie de l'art*, de 1925; ils constituent un aboutissement de l'orientation des recherches de Vygotsky dans la première moitié des années vingt. Cependant, plusieurs de ces travaux avaient été commencés bien avant : rappelons-nous que la première version du célèbre article sur Hamlet («La tragédie de Hamlet, prince de Danemark»), datait de 1915. C'est à 19 ans que Vygotsky avait entamé cette recherche qui, pour ce qui a été publié, est une œuvre remarquable d'érudition, de clarté et de finesse critique.

Les investigations sur l'esthétique et la psychologie de l'art se virent brusquement interrompues en 1924, suite à la mutation de Vygotsky à Moscou. Ensuite, elles devinrent très rares : nous n'avons connaissance que de l'article sur «la psychologie et l'art contemporain» publié par *Art Soviétique* en 1927, et les études sur *L'imagination et l'art chez l'enfant*, de 1930. Bien évidemment, Vygotsky continua à cultiver son intérêt pour l'art, ce qui transparaît dans la sensibilité et l'imprégnation esthétique de son œuvre plus spécifiquement psychologique (et qui en constitue l'un des aspects les plus attractifs), dans les fréquents commentaires littéraires destinés à illustrer ses idées psychologiques (particulièrement dans *Pensée et langage*), et globalement dans son goût pour les problèmes en rapport avec l'origine des signes en général et des symboles artistiques en particulier. Mais..., pour quelle raison les écrits de Vygotsky sur l'art devinrent-ils si rares après le départ de Gomel en 1924 ?

Une réponse très simple, est qu'il n'eut pas le temps nécessaire (il faisait tant de choses!). Mais peut-être une raison plus profonde l'influençait-elle? Léontiev rapporte à ce propos : «Alors que Vygotsky était en train de terminer son manuscrit de *La psychologie de l'art*, il songeait déjà à explorer une nouvelle voie : celle de la psychologie. C'était une science à laquelle il attribuait une valeur fondamentale pour la compréhension des mécanismes de la création artistique ainsi que de la fonction spécifique de l'art. Il lui était nécessaire de parcourir ce chemin pour terminer son œuvre sur la psychologie de l'art, afin d'exprimer ce qui n'avait encore pu l'être» (1971, p. 12). Vygotsky avait sans doute pensé redévelopper par la suite ces thèmes à partir de la construction théorique à laquelle il se consacra lorsqu'il fut à Moscou. Il lui était nécessaire de compter sur une psychologie suffisamment explicative, qui soit capable de rendre compte de la genèse et de la nature des fonctions symboliques· supérieures afin de mieux cerner les mécanismes très complexes de la création artistique. Mais le besoin de *construire* cette psychologie était née des intérêts esthétiques de Vygotsky. Nous pouvons affirmer que c'est par la critique et l'esthétique, à partir d'un intérêt fondamental pour les produits supérieurs de la culture que Vygotsky vint à la psychologie.

Ce sont ses intérêts esthétiques et sémiologiques, comme l'a indiqué Schedrovitsky (1982), qui le conduisirent progressivement à aborder la catégorie de la *conscience*. L'examen de cette catégorie lui était nécessaire pour rendre compte plus profondément des processus de la création et de la perception esthétique. Vygotsky pensait vraisemblablement pouvoir approfondir suffisamment la psychologie pour résoudre sa préoccupation. Cependant, ce qui ne devait être qu'une «incursion» dans le domaine de la psychologie, incursion destinée à permettre de répondre aux questions qu'il se posait dans les domaines de la sémiologie et de l'esthétique — ce que se proposait initialement Vygotsky — finit par être un long voyage. La raison en était que la psychologie existante *ne permettait pas* de fournir une *explication* adéquate de la conscience. Certaines approches proposaient une *description des phénomènes de conscience*. D'autres la réduisaient à des processus élémentaires (par exemple les réflexes) qui étaient si éloignés des produits symboliques de la culture qu'ils ne pourraient assurément jamais constituer les fondements d'une théorie de l'art. En tant que sémiologue, Vygotsky, éprouva, dès le départ, une profonde insatisfaction vis-à-vis des réponses que la psychologie apportait aux questions concernant la création artistique et l'étude de la culture. La tentative de Vygotsky de donner une réponse à ces questions exigea de sa part un effort gigantesque : il fallait, en premier lieu, analyser en profondeur (d'un point de vue de *méthodologue*) où se trouvait la racine de cette incapacité essentielle de la psychologie de son époque; ensuite il s'agissait de construire une psychologie scientifique sans perdre de vue les fondements de la psychologie de son temps; enfin, il lui fallait construire une psychologie scientifique qui puisse rendre compte des créations de la culture tout en se fondant sur une méthodologie commune à toutes les sciences de la nature. Tout ceci allait exiger qu'à long terme une dimension *historique* soit introduite au sein même de la psychologie comme science explicative et que l'approche de la *conscience* se fasse à partir d'une conception sémiologique de sa nature et de sa structure. Cette entreprise était trop difficile pour laisser à Vygotsky le temps (dans sa courte vie) d'une réflexion plus profonde sur le problème de la création artistique. Vygotsky n'eut que le temps d'établir les bases d'une psychologie de l'art. Il consacra la majeure partie de ses efforts à une tâche préalable : celle simplement de construire une nouvelle psychologie. Ceci nous conduit au troisième type d'activités que Vygotsky eut à Gomel, en rapport avec la psychologie expérimentale.

3. Nous avons déjà abordé le fait que Vygotsky enseigna la psychologie à l'Ecole Normale de Gomel. Il avait organisé là-bas un petit laboratoire de travaux pratiques pour les étudiants. Ceux-ci pouvaient y élaborer et y faire leurs propres expériences. Naturellement, ces activités d'enseignement théorique et pratique dans l'Ecole Normale d'une petite ville de province n'avaient qu'une faible répercussion externe. Il faut se rappeler que Vygotsky n'avait publié aucun travail de psychologie avant 1924. En résumé : il était alors parfaitement inconnu dans le monde de la psychologie, qui vivait dans l'effervescence postrévolutionnaire et où s'affrontaient les représentants des positions idéalistes classiques et les nouveaux psychologues objectivistes. Avant 1924, Vygotsky n'était pas intervenu dans cette polémique. Lorsqu'il intervint, dès le départ, il donna l'impression qu'il cherchait à formuler une *troisième* voie qui ne coïncidait avec aucune des positions théoriques en présence. Son projet de construire une psychologie dialectique et cohérente avec les concepts marxistes animaient également les deux jeunes objectivistes, Kornilov et Blonsky. Mais les postulats réductionnistes de la réflexologie, de la réactologie et du behaviorisme ne le satisfaisaient pas. Depuis toujours, Vygotsky donnait l'impression qu'il avait quelque chose de *nouveau* à apporter au débat.

Il est probable qu'un facteur important de cette possibilité de dire quelque chose de nouveau se situait précisément dans le fait qu'il avait travaillé dans un autre domaine que la psychologie : il n'était pas un psychologue professionnel mais un méthodologue, un sémiologue, un critique. Il vint à la psychologie nourri de notions et de préoccupations qui, jusqu'à un certain point, étaient apparemment étrangères à la polémique essentielle entre idéalistes et matérialistes. Ces notions et préoccupations sémiotiques et philosophiques — qui paraissaient éloignées des conceptions plus immédiates des psychologues — provenaient d'une autre polémique qui avait cours dans les sciences de la culture, entre les structuralistes et les partisans du point de vue historique ou comparé des problèmes. Dès le début, Vygotsky paraissait viser une perspective nouvelle; cependant, dans ses premières contributions psychologiques, prédominait davantage un ton critique que des propositions positives permettant de sortir les psychologues du bourbier dans lequel ils s'étaient enfoncés. Vygotsky consacra ses premiers travaux à réaliser une sorte de dissection critique de la psychologie de son temps. Ce ton critique prédominait dans la communication par laquelle il se fit connaître des psychologues soviétiques de son temps (rappelons qu'auparavant il était totalement inconnu). Il s'agissait d'une analyse sur «les méthodes de recherche en réflexologie et en psychologie», présentée le 6 janvier 1924 au deuxième congrès panrusse de psychoneurologie. La présentation de Vygotsky fit forte impression sur le petit groupe de jeunes objectivistes qui étaient alors en charge de la direction de l'Institut de Psychologie de Moscou, institution la plus renommée de la psychologie soviétique.

Pour comprendre la signification de l'irruption de Vygotsky au sein de la turbulente psychologie soviétique des années vingt, il est nécessaire que nous examinions le contexte global dans lequel elle survint; quelle signification avait ce congrès dans lequel Vygotsky présenta sa communication et quels étaient la situation et les antécédents de la psychologie à laquelle il apporta une façon nouvelle de voir les problèmes, développée durant ses années de formation. Ceci constitue le cadre dans lequel nous devons situer notre analyse : d'une part, il y avait une intelligence tournée vers l'étude de la culture et de l'art d'un point de vue dialectique, avec une orientation à formuler les problèmes en termes sémiotiques; d'autre part, il existait une psychologie clivée et en pleine effervescence qui vivait une situation de débat permanent et qui n'arrivait pas à trouver sa place dans le concert des sciences de la nature, ni à résoudre de manière adéquate le problème de sa relation avec la philosophie marxiste, qui à son tour, revendiquait le caractère de *fondement* des savoirs sur l'homme et la société.

Chapitre II
La psychologie soviétique des années vingt : ses antécédents et sa situation

La confrontation historique entre la psychologie introspectionniste de la conscience et les nouveaux points de vue objectivistes culmina dans les années 1910-1920. En Union Soviétique, ce débat sur l'objet même de la psychologie a revêtu une signification très particulière du fait qu'il s'entremêlait aux événements révolutionnaires et à la condition globale de changement culturel que vivait à cette époque la société russe. Ce qui fut en d'autres lieux (comme l'Allemagne, l'Angleterre ou les Etats-Unis) une polémique plus stimulée par «l'histoire interne» de la psychologie — pour utiliser le terme de Lakatos — et par la problématique de la cohérence interne (sans pour autant se désintéresser de l'influence des facteurs sociaux et culturels externes), devint en Union Soviétique une recherche pressante d'une alternative matérialiste qui soit, en même temps, cohérente avec la philosophie socialement dominante. L'opposition entre les conceptions idéalistes et les tentatives de construire une psychologie matérialiste ne fut pas seulement un résultat de la révolution. Ce débat avait une longue histoire dans la psychologie russe : au XVIIIe siècle, Lomonossov et Raditchev avaient déjà formulé le souhait de développer une psychologie matérialiste. Idéal qui devait être repris par les philosophes et pédagogues aux positions «libérales» et démocratiques du XIXe siècle comme Biélinski, Herzen, Tchernychevski et Dobrolioudov. L'essai de la part de Sétchénov (1829-1905) de réduire les fonctions psychologiques à des réflexes fut sans doute l'expression la plus achevée de cette tentative matérialiste au XIXe siècle. Comme cela s'est produit dans d'autres lieux avec le développement du courant matérialiste au XIXe siècle, l'œuvre de Sétchénov provoqua une vive polémique et fut à l'origine d'affrontements avec les autorités politiques et avec les auteurs de tendance spiritualiste comme Kavelin et Strakhov. Au début du siècle, la situation de la psychologie et de la neuropsychologie soviétiques était complexe : les perspectives développées dans la psychologie occidentale étaient alors bien connues en Union Soviétique et les procédés quantitatifs de mesure et de recherche étaient ainsi couramment utilisés à l'Ecole de psychologie expérimentale de Saint-Pétersbourg, dirigée par Nétchaïev. D'une manière générale, les recherches de Pavlov et de Bechterev allaient permettre de développer, à partir de données objectives, une partie du programme de Sétchénov. Cependant, le courant idéaliste et spiritualiste avait une grande force dans la psychologie russe. Son représentant le plus éminent était le professeur titulaire de l'Université de Moscou, G.I. Chelpanov (1862-1936).

Chelpanov, ainsi que Grot et Lopatin, avait été l'un des fondateurs de la Société de Psychologie de Moscou, de tendance spiritualiste. Il éditait, depuis 1890, la revue *Voprossy Filosofii i Psikhologii*, qui était l'organe de diffusion de la pensée idéaliste en psychologie. Pour lui, la «psychologie proprement dite» devait étudier les lois de l'âme, qui se servent du fonctionnement cérébral tout en ne se confondant pas avec lui et qui constituent une entité propre. Bien qu'ayant admis quelques apports psychotechniques (par exemple, ceux de Spearman), Chelpanov rejetait la généralisation des techniques de mesure à la psychologie scolaire, qui s'était étendue sous l'influence du matérialiste Nétchaïev, et il s'opposait ouvertement à la réflexologie de Bechterev. Pour lui, la méthode fondamentale de la psychologie devait être semblable à celle de l'introspection «expérimentale» utilisée par les chercheurs de l'Ecole de Wurtzbourg. Au congrès de psychologie de 1909, les thèses de Chelpanov gagnèrent du terrain sur celles de ses adversaires Bechterev, Nétchaïev, Bernstein, Rossolimo et Lange. En 1912, il fonda l'Institut de Psychologie de Moscou qui allait devenir une institution de grande envergure dans le développement ultérieur de la psychologie soviétique et allait avoir un retentissement sur la propre activité professionnelle de Vygotsky. Au début, l'Institut se consacra principalement à développer les propositions de recherche expérimentale à la façon introspective de Chelpanov lui-même. Celui-ci pensait que la métaphysique idéaliste était parfaitement compatible avec la recherche expérimentale. Peu de temps avant la révolution d'octobre, Chelpanov publia une sixième édition d'un de ses principaux ouvrages, *L'esprit de l'homme*, dans lequel il insistait sur la critique des conceptions matérialistes de l'esprit et où étaient réaffirmés ses postulats idéalistes.

En 1918, peu après la révolution, la revue de la Société de Psychologie de Moscou, cessa d'être publiée. Chelpanov quitta la direction de l'Institut qu'il avait fondé, mais dont la charge allait à nouveau lui être confiée en 1921. Entre 1917 et 1923, aucun des habituels congrès de la psychologie soviétique de la période prérévolutionnaire (1905-1917) ne put être tenu. Un changement important dans le développement de la psychologie intervint en 1923, du fait de la convocation du premier congrès panrusse de psychoneurologie. Ce congrès permit en effet que se manifestent ouvertement les tensions latentes entre les psychologues idéalistes et les tenants des divers courants matérialistes en germe dans la psychologie soviétique. Cependant, les «continuateurs» de Sétchénov ne furent pas les leaders de la révolte antispiritualiste. Pavlov se tenait éloigné de toute polémique idéologique et restait prudent quant à l'extrapolation des résultats de ses travaux à la psychologie humaine. Bechterev, quant à lui, se trouvait dans une situation beaucoup plus complexe : son refus initial de la psychologie idéaliste s'était mû en une insatisfaction envers la psychologie en général et se traduisait dans la proposition de lui substituer une «réflexologie» dont la vision des fonctions psychologiques était extrêmement mécaniste. Ce matérialisme mécaniste était très loin des points de vue dialectiques de la pensée marxiste. Il partait de la notion métaphysique d'une énergie commune aux phénomènes matériels et mentaux qui pouvaient se réduire à des lois mécaniques. Il supposait également que les principes réflexologiques pouvaient s'appliquer aussi bien à la société qu'à la nature. La proposition de Bechterev (1925) était de résoudre la «crise» de la psychologie soviétique en recourant à son point de vue «énergétique» et en déduisant les lois de l'activité réflexe d'un processus cosmique de transformation de l'énergie. Il pensait que cette façon de voir était compatible avec la philosophie marxiste, mais, évidemment, rien n'était plus éloigné des lois de la dialectique.

De ce point de vue, nous pouvons comprendre le fait que les critiques des psychologues qui s'identifiaient le plus à la révolution d'octobre soient dirigées aussi bien contre les postulats idéalistes de Chelpanov que contre le réductionnisme mécaniste de Bechterev. C'est dans ce contexte que doivent être compris les sarcasmes ultérieurs de Vygotsky vis-à-vis de l'ambition de traduction des fonctions plus complexes en un ensemble très limité de lois physiques à visées universelles. Il est sûr que malgré la conviction qu'il pouvait avoir, Bechterev n'était pas en mesure d'apporter une réponse à l'alternative entre un matérialisme «infantile» et prédialectique et les thèses spiritualistes. Même Chelpanov se rendait compte de cette situation ; il affirmait que non seulement la réflexologie, telle que la concevait Bechterev, était une psychologie subjective, mais encore qu'il ne s'agissait pas d'une psychologie marxiste.

Ce genre de problèmes conceptuels furent ceux qui animèrent le congrès de 1923. Les critiques les plus virulentes faites à l'idéalisme furent celles de D.I. Kornilov (1879-1957), qui était un élève de Chelpanov lui-même. Kornilov critiqua l'idée «métaphysique» de rendre compatible la pensée marxiste avec une psychologie introspective totalement séparée de la physiologie en même temps qu'il rejetait la tentative réflexologique de réduire les phénomènes psychologiques à des lois biologiques et physiques. Kornilov proposait une nouvelle façon de faire de la psychologie qu'il désignait du nom de «réactologie» en se basant sur des expérimentations un peu naïves où étaient utilisés le chronoscope de Hipp et un dynamomètre (au moyen duquel il prétendait établir une loi de relation inverse entre effort mental et effort musculaire). Il se proposait d'étudier, de façon objective, les «réactions humaines dans leur contexte biosocial». En définitive, Kornilov essayait d'éviter et le réductionnisme social du fait psychologique, tel que celui proposé par exemple par Zalkind, et le réductionnisme physique de Bechterev, sans recourir à la réification d'une substance spirituelle comme objet de la psychologie. Il eut l'habileté de présenter sa position comme l'unique compatible avec la philosophie marxiste au congrès de 1923. Ses critiques eurent un retentissement public (dans les *Izvestia* et la *Pravda*, par exemple, où furent publiées des notes sur le déroulement du congrès) et provoquèrent une situation de crise dans l'institution la plus influente de la psychologie soviétique : l'Institut de Psychologie de Moscou.

La polémique entre les disciples de Chelpanov et ceux de Kornilov se prolongea durant plusieurs mois à l'Institut. Malgré son affirmation de départ selon laquelle le marxisme était un «dogme» sans application possible à la psychologie, Chelpanov finit par déclarer au cours du débat que ce dont l'Institut avait précisément besoin, c'était d'une philosophie marxiste (Léontiev, 1982). Finalement, Kornilov succéda à Chelpanov à la direction de l'Institut de Psychologie de Moscou. A petite échelle, la révolution avait atteint l'enceinte institutionnelle de la «petite province» de la psychologie.

Comme cela arrive dans toutes les révolutions, une large place fut faite à l'improvisation : les collaborateurs de Chelpanov abandonnèrent l'Institut en signe de protestation, ou y continuèrent leurs activités tout en s'y investissant beaucoup moins. Kornilov dut rapidement faire appel à quelques collaborateurs très jeunes (dont quelques-uns étaient encore étudiants) pour réorganiser les activités de l'Institut de Psychologie. Parmi ceux-ci, il y avait Zankov, Soloviev et Alexander R. Luria, alors âgé de 21 ans. Ces jeunes collaborateurs commencèrent à rechercher de manière pressante de nouvelles hypothèses et méthodes permettant de construire une psychologie marxiste. Parce que ceci était en réalité le propos fondamental : la réactologie de Kornilov était à peine un symbole pour eux (Léontiev, *op. cit.*). La majorité d'entre eux (y compris Kornilov) ne possédait qu'une formation marxiste faible et superficielle. Ils étaient conscients de ce que la réactologie n'était pas la solution qu'ils cherchaient et ils développèrent une activité enthousiaste pour renouer avec les activités de l'Institut. Ils créèrent des laboratoires de réactions motrices, mnésiques et intellectuelles et commencèrent à mener simultanément la recherche et les activités didactiques sous la direction de Kornilov qui essayait d'approfondir les implications psychologiques de la pensée marxiste.

L'analyse historique de l'importance de Kornilov est complexe. Son apport fut décisif au moment de *définir* les points auxquels *une psychologie d'orientation marxiste devait répondre, mais il ne fut pas capable de construire une psychologie* qui corresponde aux principes qu'il avait lui-même énoncés. Ces principes étaient essentiellement les suivants :

1. Le monisme matérialiste, considérant les fonctions psychiques comme propriété de la matière organisée.

2. La reconnaissance de l'irréductibilité des phénomènes psychiques aux phénomènes physiologiques.

3. La reconnaissance de la nature sociale des réactions humaines et de la nature idéaliste de la psychologie individuelle, incapable de rendre compte de l'influence des classes sociales.

4. La reconnaissance de la nature changeante de la réalité physique et sociale, de l'interconnexion universelle des phénomènes et du caractère d'émergence des synthèses dialectiques (Kornilov, 1926, 1927). A partir d'un schéma hégélien, il tentait de comprendre les états subjectifs comme *thèse*, les réflexes comme *antithèse* et les réactions comme *synthèse*. Les réactions se différenciaient des réflexes de par leur caractère universel, de par le fait qu'elles étaient des réponses de l'organisme considéré comme un tout et qu'elles incluaient un aspect subjectif.

Cependant, la position de Kornilov ne permettait pas de résoudre le problème de la construction d'une psychologie dialectique. Sa conception de la conscience était essentiellement passive et ne résolvait pas le problème de la distinction entre énergie physique et conscience, comme cela avait été le cas pour Bechterev (Fernández Trespalacios, 1978). Il avait encore une *conception énergétique* naïve de la conscience (comprise comme énergie physique ou métaphysique), très différente de la *conception sémiotique* de la conscience qu'allait développer plus tard

Vygotsky (la conscience comme fonction signifiante à caractère instrumental).

D'un point de vue historique, Kornilov joua un rôle décisif dans l'orientation marxiste de la psychologie soviétique et dans l'organisation institutionnelle de la nouvelle science. En 1924, l'Institut de Psychologie de Moscou, en grande partie renouvelé, avait atteint une position d'avant-garde et jouait un rôle moteur dans la psychologie, malgré les indécisions et les naïvetés, qui logiquement apparurent. Les choses en étaient là lorsque le deuxième congrès panrusse de psychoneurologie eut lieu à Léningrad, au mois de janvier 1924. Kornilov y présenta une publication de la nouvelle orientation qui s'intitulait «La méthode dialectique en psychologie». Dans ce congrès, Vygotsky se fit connaître des cercles agités de la psychologie soviétique et ainsi débutèrent ces dix années avec lesquelles nous avons commencé notre histoire.

Chapitre III
Réflexes et conscience : apports critiques de Vygotsky à la recherche d'une psychologie dialectique

La communication de Vygotsky sur «les méthodes de recherche en réflexologie et en psychologie» posait quelques-uns des problèmes fondamentaux qui étaient alors discutés et qui constituaient la psychologie soviétique postrévolutionnaire. La question centrale concernait l'*incapacité de la réflexologie à expliquer de manière adéquate la conscience*. D'une part, il critiquait l'imprécision des affirmations réductionnistes des réflexologues et leur impossibilité à formuler les aspects spécifiques des systèmes psychologiques complexes à partir de la simple assertion que ceux-ci «consistent en réflexes». D'autre part, il signalait l'inconsistance implicite de la position de nombreux réflexologues qui, tout en refusant la valeur des *informations verbales* des sujets, considéraient ces verbalisations introspectives comme des «réflexes d'ordre supérieur». S'il s'agissait de réflexes..., pourquoi ne pas les employer dans l'étude objective du fonctionnement psychologique? Il est certain que le traitement objectif des informations des sujets sur leurs processus psychiques exigeait une méthodologie rigoureuse (adaptée au type de données) mais c'était une voie d'accès d'importance fondamentale pour l'étude objective des aspects particuliers des «systèmes complexes de réflexes» (c'est-à-dire, la conscience et les fonctions supérieures).

En 1924, Vygotsky (Vygotsky, 1926/1984) critiquait ce qu'il appelait «l'idéalisme renversé» de Bechterev et de Pavlov; c'est-à-dire, la tendance à négliger le fait psychique. Avec beaucoup de perspicacité, il attirait l'attention sur le fait que, bien que cette tendance conduise à une position de matérialisme pur dans la sphère limitée de la physiologie, elle menait finalement à un point de vue implicite d'idéalisme dualiste dans la sphère plus large du problème des relations entre l'esprit et la matière. A cette époque Vygotsky pensait encore qu'il était possible de faire une étude objective des fonctions supérieures de la conscience *sans sortir des limites de la réflexologie*, partant de l'idée de la conscience en tant que «mécanisme de transmission de réflexes». Il est vrai que Vygotsky se proposait d'élargir les limites conceptuelles des explications réflexologiques afin de parvenir à une science qui n'eût ni les restrictions inconséquentes de la réflexologie de son temps ni les bases dualistes implicites de la psychologie introspective classique. Dans la communication qu'il présenta au cours de l'année 1924, Vygotsky employa néanmoins des notions réflexologiques (aussi «libérales» qu'elles fussent) pour essayer de fonder cette science.

Finalement, Vygotsky situait le problème de l'auto-observation dans le contexte général de la situation de crise de la psychologie. Il insistait sur le caractère universel de cette crise : «Il n'y a pas de tentative plus fausse — disait-il — que celle de prétendre que la crise qui a divisé la science de notre pays en deux camps a un caractère purement local, c'est-à-dire qu'elle serait uniquement due à la situation russe. La crise en psychologie a, actuellement, un caractère mondial» (1926/1984, p. 102-103). Dans son essence, la crise supposait la rupture entre une psychologie élémentariste, sans conscience, réduite à de simples réflexes, et incapable de rendre compte des aspects spécifiques des fonctions psychologiques complexes et une psychologie subjective de la conscience d'où sont évincés les caractères matériels et qui est incapable de formuler *objectivement* les lois des fonctions supérieures. Fondamentalement, afin de permettre de dépasser cette rupture profonde, l'un des ponts que se proposait de jeter Vygotsky consistait en un emploi objectif de l'auto-observation et des informations verbales.

Depuis ses premières contributions psychologiques, Vygotsky était conscient, de façon aiguë, de la situation de crise qui caractérisait la psychologie de son temps. Cependant, il est évident qu'il n'avait pas encore élaboré les catégories qui lui permettraient par la suite d'affronter cette crise, et sa position était, en 1924, proche de la réflexologie classique, bien que ses conceptions fussent très critiques à l'égard de celle-ci. Par la suite, il se distança davantage des concepts réflexologiques.

La communication de Vygotsky fut suivie avec un grand intérêt par les jeunes chercheurs qui avaient la responsabilité de l'Institut de Psychologie de Moscou. Luria, qui en faisait partie et occupait la fonction de sous-directeur de cette institution, décrit ainsi l'impression que produisit sur lui la contribution de Vygotsky :

> «J'ai rencontré Vygotsky en 1924, au deuxième congrès de psychoneurologie, qui eut lieu à Léningrad (...) Lorsque Vygotsky se leva pour présenter sa communication, il n'avait aucun texte écrit, pas même de notes. Cependant, il parla avec fluidité, sans donner l'impression à aucun moment qu'il lui était nécessaire de s'arrêter pour chercher ses idées. Le contenu de son discours, bien qu'élémentaire, fut remarquable de par le style persuasif de sa présentation. Mais de plus il s'avérait que sa présentation n'était pas du tout élémentaire. Au lieu de choisir un thème mineur, comme aurait pu le faire un jeune de 28 ans qui parlait pour la première fois à un auditoire qui réunissait les plus hautes autorités de la profession, Vygotsky avait choisi le thème difficile de la relation entre les réflexes conditionnés et la conduite consciente de l'homme. L'année précédente, Kornilov avait pris prétexte du même auditoire pour attaquer les théories introspectives en psychologie. Son point de vue avait prévalu et ses positions objectives, réactologiques, étaient celles qui prédominaient dans notre Institut. Bechterev comme Pavlov étaient bien connus pour leur opposition à la psychologie subjective, au sein de laquelle le concept de conscience occupait une position centrale. Cependant, Vygotsky défendait la thèse selon laquelle le concept de conscience devait être maintenu en psychologie, arguant de la nécessité de l'étudier avec des procédés objectifs. Bien qu'il ne parvînt à convaincre personne de l'exactitude de sa position, il était évident que cet homme venu d'une petite ville d'une province située à l'ouest de la Russie, manifestait une force intellectuelle avec laquelle il fallait compter» (1979, p. 38).

La contribution de Vygotsky au congrès de Léningrad répondait à l'intérêt de construire une psychologie objective, qui pût rendre compte des processus humains plus complexes. C'était le propos essentiel des nouveaux membres de l'Institut de Psychologie qui prirent la décision de demander à Vygotsky de participer aux activités de l'Institut.

A l'automne 1924, Vygotsky quitta Gomel pour s'installer à Moscou. Sa première contribution aux travaux de l'institut dirigé par Kornilov fut d'une extraordinaire importance. La conférence qu'il donna à l'institut le 19 octobre 1924, portait sur «la conscience comme problème de la psychologie de la conduite».

Chez les historiens de la psychologie, il est habituel de confondre cette conférence avec le discours que Vygotsky prononça à Léningrad neuf mois auparavant (cf., par exemple, l'introduction de Cole, dans la revue *Soviet Psychology*, où il signale que l'article sur «La conscience...» est «la version écrite d'une communication de Vygotsky au second congrès panrusse de psychoneurologie, organisé à Léningrad en 1924»). D'un point de vue historique, il est important d'éclaircir cette équivoque. La contribution de Léningrad et la conférence de Moscou sont *distinctes*. De plus, l'analyse de leurs différences est instructive pour comprendre comment se sont élaborées et construites les idées de Vygotsky entre janvier et octobre 1924 : l'article sur la conscience fait apparaître un

Vygotsky beaucoup plus critique et ironique envers les prétentions réductionnistes des réflexologues et, en même temps, l'idée du *principe de la genèse sociale* de la conscience qui allait finir par devenir le noyau central de la psychologie vygotskyenne, se dessinait de plus en plus clairement.

La tentative d'unir la catégorie du «réflexe» avec l'idée de l'origine sociale de la conscience, constitue la caractéristique essentielle de l'article de 1924 : la composante sociale de la conscience est prioritaire du point de vue génétique et temporel et elle constitue toujours l'aspect le plus fondamental de la définition de l'activité consciente (qui ne cesse jamais d'être sociale et communicative). L'élément individuel se constitue, comme élément dérivé, sur la base de la composante sociale et selon son modèle exact. Vygotsky se servait du mécanisme des «réflexes réversibles» — ceux-ci sont provoqués par des stimuli qui, à leur tour, peuvent être des réponses propres — pour établir une liaison entre le rapport social et la conscience individuelle, elle-même issue de celui-ci. «Nous sommes conscients de nous-mêmes, disait-il, parce que nous sommes conscients des autres; et de manière analogue nous sommes conscients des autres parce que dans notre relation avec nous-mêmes, nous sommes semblables aux autres dans leur relation avec nous-mêmes» (1926/1984, p. 86). La propriété de certains réflexes d'être, en même temps, des réponses propres et des stimuli pour soi-même, constitue le fondement psychologique conjoint des mécanismes de contact social et de conscience : «*La conscience est, pour ainsi dire, contact social avec soi-même*», indiquait Vygotsky. La conscience n'est pas le fruit d'un développement solipsiste, à l'intérieur de soi, mais le résultat de la relation sociale avec les autres.

Quelques psychologues américains ont tenté d'interpréter l'œuvre de Vygotsky comme une espèce de «behaviorisme médiationnel». La conférence sur la conscience admet, évidemment, cette lecture, dès lors qu'elle constitue un effort pour offrir une interprétation sophistiquée de la conscience, mais sans abandonner le cadre S-R propre à la catégorie du réflexe. Le concept de «réflexe réversible» est une expression de la même idée qui conduit Mowrer, Osgood, Staats et d'autres à parler de stimuli et de réponses médiates. Le propos fondamental est le même : celui de ne pas abandonner le cadre conceptuel de la psychologie objective de l'apprentissage pour expliquer les fonctions supérieures et la conscience. Le fondement en est aussi le même : les réponses propres peuvent être des stimuli pour soi-même, de la même manière que le sont les réponses des autres. Le présupposé essentiel est commun : de la même manière qu'il y a des stimuli, des réponses et des réflexes externes, nous pouvons parler de stimuli, de réponses et de réflexes internes ou fractionnaires. En somme, nous pouvons situer l'article de 1924, sur la conscience, à l'intérieur d'une orientation médiationnelle de la psychologie objectiviste.

Mais de là à comprendre toute l'œuvre de Vygotsky comme une formulation médiationnelle, il y a une énorme différence. Le concept vygotskyen postérieur de «médiation» débordait absolument tout cadre d'explication S-R, ainsi que Vygotsky lui-même prit bien soin de le signaler. Ce concept constituait précisément une catégorie *active*, soutenue par l'idée de transformation du milieu (et non de la réponse) et des fonctions du sujet lui-même (capable d'agir à nouveau y compris sur les réflexes élémentaires). Vygotsky développa explicitement ce concept en opposition aux conceptions mécanistes et au schéma S-R. En conséquence, nous pouvons parler d'une *période médiationnelle* dans la psychologie de Vygotsky, mais en aucune manière nous ne pouvons identifier son système achevé avec le behaviorisme médiationnel.

Le commentaire précédent nous aide à situer à sa juste place historique la conférence d'octobre 1924. Celle-ci a parfois été considérée comme «le manifeste de l'Ecole historico-culturelle», mais elle joue plutôt, un rôle intermédiaire dans la pensée de Vygotsky : tout en conservant de nombreuses parentés avec la réflexologie, Vygotsky y établit avec clarté le principe de la genèse sociale de la conscience individuelle; il formule l'idée que «la parole est à l'origine de la conduite sociale et de la conscience» (*ibid.*), mais sans encore développer les idées sur la fonction de *médiation active* des instruments et des signes. En résumé, Vygotsky n'avait pas encore suffisamment développé ses propres concepts pour se rendre compte que le principe de la genèse sociale de la conscience et l'observation de la structure sémiotique de celle-ci conduisaient à déborder le cadre réflexologique et à le «réinterpréter d'en haut», à partir d'un principe de signification capable de modifier les processus mêmes de signalisation (lesquels pouvaient effectivement être expliqués avec le mécanisme du réflexe conditionné). Pour cette raison, il est inexact de considérer l'article sur la conscience comme un manifeste de l'école historico-culturelle : il ne contient pas encore les idées fondamentales (sur la nature historique et significative, plus que signalisatrice, des fonctions supérieures) qui caractériseront la théorie de Vygotsky. Cette communication constitue bien un pas important vers la solution du «puzzle» conceptuel qui s'exprimait dans la crise de la psychologie et dans la scission entre objectivisme et subjectivisme.

Dès l'arrivée de Vygotsky à Moscou, un petit groupe de travail se constitua. En faisaient partie au départ Luria, qui était le secrétaire scientifique de l'Institut de Psychologie, Léontiev, qui jouait un rôle de collaborateur externe, et Vygotsky lui-même. Il est curieux que celui-ci, qui n'était jamais parvenu à occuper un poste de direction au sein de l'Institut, ait été reconnu, dès le départ, comme «leader intellectuel» de cette «troïka» (ainsi qu'eux-mêmes désignaient leur petit groupe). Dans un article intéressant sur les premières années de collaboration entre Luria et Vygotsky, Radzikhovskii & Jomskaya (1981) ont essayé d'expliquer cet apparent paradoxe : avant sa rencontre avec Vygotsky, Luria était assez connu en raison de ses brillants travaux sur la «méthode motrice combinée» qui lui avait permis de découvrir un procédé objectif d'analyse des expériences émotionnelles latentes, au moyen d'un paradigme associatif; de plus il avait une formation en méthodologie expérimentale supérieure à celle de Vygotsky et il occupa toujours une position institutionnelle qui lui conférait un plus grand pouvoir. En tant que secrétaire scientifique de l'Institut et, ensuite, comme directeur du laboratoire de psychologie de l'Académie Krupskaya d'éducation communiste, il se situa toujours en un rang institutionnel plus élevé. Alors, comment fut-il possible qu'il se convertît en «disciple» de Vygotsky reconnaissant — sans réserve — son leadership intellectuel?

La réponse se trouve dans le fait que Vygotsky apparaissait à Luria et à Léontiev (et ensuite à ses collaborateurs postérieurs), comme la seule personne capable de donner la direction méthodologique fondamentale, d'élaborer «une sorte de métasystème» (Radzikhovskii & Jomskaya, *op. cit.*), qui permît de développer au maximum les aptitudes et les capacités de ses collaborateurs. Luria, pour sa part, était un scientifique brillant, à l'esprit clair, capable de simplifier les problèmes sans les dénaturer, possédant une formation scientifique classique. Cependant, ces capacités, nécessitaient d'être complétées par une nouvelle orientation fondamentale, ne pouvant provenir que d'un esprit humaniste, beaucoup plus complexe (et aussi plus éclectique) comme l'était celui de Vygotsky. Lui seul possédait une formation philosophique suffisante lui permettant d'analyser en profondeur où se situait la racine de la crise de la psychologie, que tous percevaient, et d'indiquer les orientations fondamentales pour construire une nouvelle synthèse. C'est précisément parce qu'il avait une formation humaniste, en philosophie et en sémiotique, que Vytgotsky déployait, devant ses collaborateurs, un ensemble d'idées nouvelles (incluant une conception holistique et historique des fonctions supérieures, des notions structurales et des schèmes profondément dialectiques) qui lui permettaient de construire, entre tous, la «troisième voie» (c'est-à-dire celle d'un objectivisme non réductionniste) que tous cherchaient. Le leadership intellectuel de Vygotsky était alors une exigence de la situation objective et non pas seulement un effet de la personnalité attractive que tous lui reconnaissaient.

Pour comprendre tout cela, nous devons situer le leadership intellectuel de Vygotsky dans son contexte historique. L'objectif essentiel de construction d'une psychologie marxiste ne pouvait se réduire à un habillage purement verbal de principes marxistes et d'observations psychologiques, pas plus qu'à une unification de tendances (la «synthèse» dont parlait Kornilov) d'écoles dont les orientations étaient, dans un certain sens, «incommensurables». Il s'agissait d'atteindre un «stade nouveau» dans l'histoire de la psychologie (Léontiev, *op. cit.*) et le seul chercheur de l'Institut qui possédait une formation marxiste solide et vraiment assimilée était Vygotsky. Il était donc considéré par les autres comme le seul capable d'établir les bases pour atteindre ce «stade nouveau». La première tâche à accomplir consistait à effectuer un travail méthodologique et d'analyse critique, et Vygotsky était, de par sa préparation humaniste, le plus capable de le réaliser.

Le programme de travail que les membres de la «troïka» établirent dès le début, était pour cela très ambitieux : il était rien moins question que d'analyser, d'un point de vue historique et critique, la situation de la psychologie soviétique et universelle et de proposer une voie théorique capable de rendre productive la «crise» de la psychologie dont Vygotsky faisait mention depuis ses premiers travaux. C'est en effet très tôt, que Vygotsky se rendit compte que cette voie ne résidait pas dans l'orientation de Kornilov, le «directeur institutionnel», (en 1925 il critiquait déjà les insuffisances de la perspective réactologique). Il pensait que la «réactologie» (un point de vue qui, de fait, était très proche du behaviorisme nord-américain), correspondait bien plus au matérialisme mécaniste, en se limitant à l'étude objective du comportement externe et en concevant la conscience en termes énergétiques simples. En ce sens, la «réactologie» se montrait incapable d'expliquer le passage du quantitatif au qualitatif, et ne permettait pas d'inclure dans une même trame explicative les processus d'énergie physique et les fonctions psychologiques (sauf à réduire les secondes aux premières). En résumé : Vygotsky pensait que Kornilov ne s'était pas libéré du mécanisme qu'il avait lui-même reproché à Bechterev, et n'avait pas développé une psychologie à orientation dialectique, malgré ses nombreux travaux sur la relation entre psychologie et marxisme. Les membres de la «troïka» cherchaient un autre chemin.

Chapitre IV
La crise de la psychologie et l'apport métathéorique de Vygotsky

En 1925, s'offrit à Vygotsky une excellente occasion de poursuivre cette recherche. Sa participation active à l'organisation de l'éducation d'enfants présentant des déficiences sensorielles et mentales fit que Lunacharsky, président du Commissariat du peuple pour l'instruction, lui confia la charge de présenter une communication au 25ᵉ congrès international sur l'éducation des sourds-muets[1], qui devait avoir lieu à Londres. Vygotsky y présenta une communication sur «Les principes de l'éducation sociale des enfants sourds-muets». Mais ce voyage lui offrit surtout la possibilité de connaître et de visiter plusieurs institutions et laboratoires de psychologie en Angleterre, en France, en Allemagne et en Hollande.

Lorsque Vygotsky revint de son voyage en Europe occidentale, la tuberculose dont il souffrait depuis 1919, s'aggrava. En 1926, il dut se faire hospitaliser durant une longue période afin de subir un traitement. Il saisit alors cette occasion pour approfondir l'analyse de la crise de la psychologie, à laquelle il se référait depuis ses premiers travaux. Durant son traitement et sa convalescence, il écrivit un important essai sur *La signification historique de la crise de la psychologie*. Le manuscrit de

---

[1] Note des traductrices : par fidélité au texte original ainsi qu'à la période concernée, nous avons repris le terme de «sourds-muets». De nos jours, ce terme devrait être remplacé par celui de «sourds».

cet ouvrage fut ultérieurement l'objet de diverses mésaventures : il ne fut pas publié du vivant de Vygotsky; il se perdit durant la seconde guerre mondiale; il fut retrouvé en 1960 et, finalement, fut publié en 1982. Cet ouvrage est sans doute l'un des plus importants et l'un des plus significatifs (d'un point de vue historique) de l'œuvre de Vygotsky. Il occupe une position intermédiaire entre ses premiers travaux et les écrits dans lesquels il formulait déjà, avec clarté, une théorie *nouvelle* sur la genèse et la nature des fonctions supérieures. En réalité, nous pouvons comprendre la conception psychologique de Vygotsky comme un développement des analyses réalisées dans *La signification historique de la crise de la psychologie*, en raison du fait que cette œuvre occupe une place centrale dans l'exposition de la théorie elle-même. La théorie est, en un certain sens, une réponse aux questions soulevées dans cet ouvrage.

Historiquement, la psychologie des années vingt était une réalité remarquable et pluriforme : les recherches sur l'activité nerveuse supérieure dont les bases avaient été établies par Pavlov et Bechterev, commençaient à porter leur fruits. Les behavioristes américains et les réactologues soviétiques développaient une psychologie objective, dont les procédés et les résultats étaient similaires à ceux des sciences naturelles. La psychanalyse se trouvait dans une période de franche expansion. Les psychologues de la Gestalt étudiaient les formes complexes d'organisation psychologique apparaissant dans la perception et la résolution de problèmes. C'était une psychologie multiparadigmatique, dont les lignes de pensée présentaient une large ouverture et une grande variété de recherches et de solutions originales. Alors, où était la crise?

En premier lieu, la crise résidait dans la diversité elle-même. Cette diversité ne signifiait pas uniquement pluralité et richesse d'idées mais était également synonyme de *scission* à l'intérieur de la psychologie. Vygotsky indiquait qu'il n'y avait pas seulement incompatibilité théorique entre les diverses écoles, mais que les *faits* eux-mêmes, sur lesquels les constructions théoriques se fondaient, étaient «incompatibles» lorsqu'ils étaient situés sur le même plan d'analyse. Dans une conception très avancée de la philosophie de la science, Vygotsky affirmait que les faits, à l'état brut, ne sont pas seulement des entités préthéoriques, mais qu'ils sont eux-mêmes *chargés de théorie*. Ainsi il signalait, s'agissant de l'introspectionnisme, du behaviorisme et de la psychanalyse, que «n'importe quel fait exprimé dans les termes de ces trois systèmes acquerrait trois significations complètement différentes se référant à trois aspects différents du fait ou, plus précisément, à trois faits différents» (p. 299). En d'autres termes, ce que les *faits* sont pour une théorie (comme le réflexe ou le complexe d'Œdipe) n'a pas de place dans l'univers du discours des autres. Vygotsky employait ici une idée similaire à celle qu'allaient employer ultérieurement les philosophes des sciences (par exemple, Feyerabend) lorsqu'ils parlent de systèmes scientifiques «incommensurables». Les divers systèmes ne peuvent être comparés sur le même plan, leurs catégories fondamentales se référant à des niveaux distincts de réalité, leurs «faits» et leurs «données» étant le produit de plans distincts d'abstraction et d'interprétation.

La divergence des «niveaux de réalité» (ou d'analyse) entre les différents systèmes était si grande qu'il y avait lieu de parler de *psychologies* différentes ou de sciences distinctes. Cette fragmentation était en rapport avec le caractère expansif de ce que nous appellerions aujourd'hui les «paradigmes» scientifiques. En analysant l'évolution de la réflexologie, de la psychanalyse, de la psychologie de la Gestalt et de la psychologie personnaliste, Vygotsky découvrait un même modèle de développement : à partir d'une découverte empirique importante se construit une première «forme conceptuelle», puis celle-ci s'étend progressivement, faisant tache d'huile, à l'explication de problèmes chaque fois plus éloignés de la découverte initiale. De cette manière, l'idée se fait progressivement plus abstraite et sa signification originelle se dilue, en même temps qu'elle se justifie dans la découverte dont elle est issue. Ce processus atteint son apogée dans la transformation de l'idée ou «forme conceptuelle» en un ensemble de principes explicatifs très abstraits et qui sont applicables à tous les phénomènes. Finalement, tout se réduit à des réflexes, ou à des pulsions inconscientes, ou à des formes prégnantes. Cependant, ce processus d'expansion des principes théoriques se réalise au prix de leur pouvoir explicatif. Il arrive un moment où ceux-ci débordent les limites mêmes de la psychologie et se convertissent en méthodologies générales assimilables à tous les domaines de la connaissance. Dans cette phase, ces principes finissent par ne plus avoir de signification, écrasés par l'énorme poids explicatif qu'on leur a concédé. Il se convertissent en «philosophies générales», finissant par révéler leur véritable origine : dans cette phase «terminale», l'idée psychologique — disait Vygotsky — révèle sa véritable origine sociale, qui était auparavant occultée sous le masque d'un fait de connaissance (p. 304).

Ce processus d'expansion progressive des idées psychologiques était, pour Vygotsky, une expression sublimée d'une profonde nécessité de la psychologie : celle de trouver une *méthodologie générale*. Cependant, la forme légitime de construction de cette méthodologie générale n'était pas l'expansion bâtarde d'idées nées de phénomènes spécifiques, mais la réalisation d'une analyse *métathéorique* adéquate. Vygotsky n'identifiait *pas* l'«analyse métathéorique» avec l'«analyse logique». Il s'opposait à la réduction logique de la méthodologie que proposait Binswanger. Il pensait que, de la même manière que les faits étaient chargés de théorie, les théories étaient, pour ainsi dire, «chargées de faits». Même les conceptions les plus abstraites gardent des références empiriques indirectes. C'est pour cette raison que l'analyse métathéorique de la psychologie ne devait pas être assimilée à une espèce de logique générale de l'investigation scientifique, en oubliant son caractère *psychologique*.

Vygotsky refusait la perspective qui consistait à essayer de formuler une psychologie générale (ou une «méthodologie générale») mêlant des concepts de divers plans et origines théoriques, pour tâcher de construire une méthodologie «synthétique». En ce sens, il critiquait aussi bien «l'impérialisme réflexologique» de Bechterev (où les réflexes finissaient toujours par se rapporter à des phénomènes très éloignés d'eux-mêmes) que les tentatives du «freudo-marxisme», où un ensemble d'adjectifs («dialectique», «inconscient», etc.) recouvraient un amalgame éclectique de systèmes dépouillés de leurs caractéristiques propres. Pour Vygotsky, la psychologie générale (ou, si l'on veut, «fondamentale») ne devait pas être un système éclectique mais une science avec ses catégories propres, situées essentiellement sur un plan métathéorique. Elle ne devait pas être une logique aseptisée, pas plus qu'un amalgame théorique. Mais alors, d'où pouvaient surgir les catégories de cette psychologie générale ?

La réponse de Vygotsky pourrait paraître surprenante : ces catégories étaient à tirer de la *crise* elle-même. Dans une perspective dialectique du développement de la psychologie, la crise ne devait pas être considérée comme un phénomène négatif, mais comme une expression de l'opposition créative de forces capables de générer, à partir de la scission elle-même, une synthèse substantielle. Ce qu'il convenait de faire pour construire cette synthèse, consistait, en premier lieu, à analyser en profondeur la véritable nature des forces en opposition. Suivant en cela Münsterberg, Vygotsky pensait que ces forces opposées pouvaient se réduire à deux grandes orientations essentielles : un point de vue *naturaliste* et une conception *idéaliste* des phénomènes psychologiques. La fragmentation de la psychologie en divers paradigmes opposés reposait sur l'opposition fondamentale entre ces deux conceptions de l'alternative : d'une part, la première option consistait à *expliquer* les fonctions psychologiques comme des *processus* naturels, en incorporant la psychologie à la méthodologie générale des sciences de la Nature et à ses présupposés épistémologiques. D'autre part, la seconde option était de *décrire* ou de *comprendre*, en tant que phénomènes irréductibles, les contenus et les structures psychologiques.

La scission entre une psychologie scientifique et une psychologie à caractère philosophique ou phénoménologique exprimait, pour Vygotsky, le dilemme fondamental de la psychologie de son temps. Dans la première, la «psychologie naturaliste», Vygotsky décelait une incapacité à expliquer les fonctions supérieures, spécifiquement humaines, de connaissance et d'action. Dans la seconde, le handicap résidait dans le caractère uniquement *descriptif* et non explicatif ainsi que dans l'incapacité à s'assimiler au modèle scientifique des sciences en général.

La dernière partie de l'ouvrage intitulé *La signification historique de la crise de la psychologie* était consacrée aux tentatives de trouver une troisième voie, qui ne soit ni celle de l'objectivisme réductionniste ni celle du subjectivisme descriptif. Vygotsky analysait trois de ces tentatives : la Gestalt, la psychologie personnaliste de Stern et les tentatives d'une psychologie marxiste.

Vygotsky avait une connaissance approfondie de la tradition gestaltiste, et tout indiquait que c'était une des orientations de la psychologie de son temps qu'il valorisait le plus et qui influença de la manière la plus décisive sa pensée. Cependant, il disait que la théorie de la Gestalt avait fini par se situer dans des présupposés naturalistes (sans même le vouloir), sans que cela signifie pour autant qu'elle soit capable de faire face à une *explication* des fonctions supérieures. Le diagnostic de Vygotsky était ici très précis et il visait directement la contradiction la plus profonde de la Gestalt, qui consistait à s'adapter de manière externe aux explications «naturelles» (par exemple, l'isomorphisme supposé psychophysiologique), sans passer du niveau descriptif au niveau explicatif propre aux sciences de la Nature.

Par ailleurs, la psychologie personnaliste de Stern, issue de la tradition différentielle, avait progressivement évolué vers une théorie idéaliste, se situant ainsi à l'opposé de son option de départ.

En dernier lieu, Vygotsky analysait les tentatives antérieures de construction d'une psychologie marxiste (par exemple, celle de Kornilov). Il s'opposait clairement à la «scolastique verbale», consistant à «citer» les classiques marxistes sans réellement approfondir la méthode dialectique, et il signalait que le marxisme ne contenait *pas* de solutions magiques pour la psychologie : «L'application immédiate de la théorie du matérialisme dialectique aux problèmes de la science — disait-il —, et particulièrement à la biologie et à la psychologie, *est impossible*, comme l'est son application immédiate à l'histoire et à la sociologie» (p. 419). Ce point est absolument central : Comment est-il possible que Vygotsky ait pu dire que le marxisme n'était pas applicable de manière immédiate à la psychologie alors que précisément il se donnait pour but de construire une psychologie marxiste?

Le problème était celui-ci : les tentatives antérieures de développement d'une psychologie marxiste avaient essentiellement consisté à mêler les principes marxistes avec les faits et les schèmes conceptuels de diverses classes de théories psychologiques, à combiner les propositions générales (par exemple, «le psychisme est une propriété de la matière hautement organisée») du marxisme avec des idées de la réflexologie, de la psychanalyse et du behaviorisme. Cependant, les deux groupes d'idées combinées (marxistes et psychologiques) poursuivaient, pour ainsi dire, une «existence indépendante». Bien qu'elles ne fussent pas logiquement contradictoires, elles étaient substantiellement éloignées les unes des autres (Davidov, 1982). Le résultat n'était pas une synthèse véritable, mais apparente : une confusion verbale. Pour quelle raison?

La réponse se trouvait dans le fait que la relation entre la psychologie scientifique et la philosophie marxiste ne pouvait pas être une mise en rapport immédiate, mais *médiate*. C'est-à-dire qu'il était nécessaire de construire un ensemble de catégories intermédiaires (pour ainsi dire), qui permettent d'établir une relation véritable entre les principes les plus généraux du marxisme et les théories psychologiques plus spécifiques. De la même manière que Marx avait utilisé des catégories intermédiaires comme celles de plus-value, de capital ou d'aliénation, pour mettre en rapport les idées du matérialisme historique avec la critique de l'économie politique, il était nécessaire de développer des principes et des catégories générales, mais de caractère proprement psychologique, pour établir cette relation médiate, indirecte entre psychologie et marxisme. Ce que Vygotsky appelait une «psychologie générale», était précisément cet ensemble d'idées et de principes.

C'est pour cette raison que le développement d'une méthodologie générale (ou d'une psychologie générale, ainsi que le disait Vygotsky) n'était pas seulement un prérequis pour dépasser la crise de scission qui était présente dans la psychologie des années vingt, mais c'était aussi une exigence préalable pour la construction d'une psychologie marxiste. Il est évident que celle-ci ne pouvait se baser sur des concepts tels que ceux de plus-value, de capital, ou de valeur d'échange (à caractère économique) ni sur des principes aussi généraux que celui de fonction matérielle du psychisme (de nature philosophique), mais qu'elle nécessitait ses propres concepts et ses propres principes de caractère psychologique. Ces concepts et principes devaient être développés à partir d'une critique de la psychologie, de la même manière que ceux de Marx l'avaient été à partir d'une critique de l'économie politique. Ce qui était en fait une espèce de «critique de la raison psychologique» (Yaroshevsky, 1982) obligea Vygotsky à assumer la position de méthodologue *avant* celle de psychologue. C'était l'unique chemin pour pouvoir formuler quelques principes méthodologiques normatifs permettant de constituer une psychologie générale. A partir de la logique inhérente à la psychologie marxiste, la marche à suivre était la suivante :

1. Développer une méthodologie générale de la psychologie.
2. Isoler les principes explicatifs généraux.
3. Construire, à partir de ceux-ci, des catégories et des théories concrètes.

La «critique de la raison psychologique» permit à Vygotsky d'établir les exigences fondamentales auxquelles les concepts et principes de cette méthodologie générale devaient répondre. A partir de l'analyse de la scission fondamentale entre la psychologie objective, qui réduisait les fonctions complexes à des processus élémentaires, et la psychologie subjective, qui préservait la complexité des contenus de conscience, mais qui était incapable d'en expliquer la genèse, il devint évident que devaient être développés des catégories et des principes qui fussent en même temps :

1. Non réductionnistes.
2. Explicatifs.
3. De caractère génétique (dialectique).

De fait, les *catégories intermédiaires* ne devaient pas seulement intervenir entre les principes généraux de la dialectique et ceux de la psychologie concrète, mais aussi (et pour cela même) entre les lois naturelles de l'organisme (telles que celles qui s'exprimaient, par exemple, dans les mécanismes réflexes) et les produits supérieurs de la culture, de l'histoire et du psychisme humain.

Nous pourrions dire que la recherche de catégories intermédiaires devait partir de l'hypothèse selon laquelle la psychologie est, précisément, une «science intermédiaire» entre les sciences de la Nature et celles de l'Homme. Mais ici le mot «intermédiaire» ne signifie pas «dualiste». La cause fondamentale de la scission de la psychologie était précisément, pour Vygotsky, le résultat de la scission entre les catégories d'analyse des processus psychophysiologiques élémentaires et celles des phénomènes de conscience et de culture. C'est-à-dire le dualisme. Et ce dualisme était latent tant au niveau de la psychologie introspective, qu'au niveau de la science de la conduite ou des réflexes dans leur tentative de *réduction* des phénomènes de conscience à des processus élémentaires. C'est par rapport à ceci que Vygotsky parlait de l'«idéalisme à l'envers» des réflexologues et qu'il leur attribuait le plus surprenant des qualificatifs : celui de dualistes. La justification de cette critique était qu'en perdant toutes les nuances des phénomènes de conscience — par la réduction de ceux-ci à des réflexes —, ils se trouvaient dans l'impossibilité évidente d'*expliquer* par des procédés scientifiques, les produits supérieurs de la conscience. L'objectivisme réflexologique devait s'accommoder à cohabiter, dans les meilleures conditions, avec la psychologie introspective d'orientation plus idéaliste (Pavlov, par exemple, qui interdisait que l'on parlât d'états subjectifs dans son laboratoire, avait envoyé ses vœux les meilleurs et ses félicitations les plus enthousiastes à Chelpanov, lorsque l'Institut de Psychologie de Moscou fut inauguré).

Il s'agissait alors de développer des catégories et des principes qui, en même temps qu'ils pouvaient admettre un traitement explicatif, gardaient au plus profond d'eux-mêmes les caractéristiques essentielles des fonctions psychologiques complexes : autrement dit, de trouver une autre réalité qui fût une médiation entre les processus élémentaires et les fonctions supérieures. Une réalité qui ne fût ni réductible aux expressions matérielles plus concrètes de l'organique ni à celle du seul esprit. Vygotsky était en cela aidé par ses vieilles connaissances sur Spinoza et par le marxisme : Spinoza avait insisté sur la nécessité de comprendre la pensée non sur un «mode» concret, mais comme un attribut essentiel de la matière, non déterminé par la structure et les parties du corps humain, mais par les conditions externes de l'activité universelle de la nature (incluant les autres sujets). En d'autres termes, la pensée n'était pas une fonction formellement déterminée par la structure de l'«extension» du corps humain, mais par l'activité *externe, objective, en relation* avec les autres corps (Ilyenkov, 1977). La pensée n'était donc pas structurellement mais *fonctionnellement déterminée* par la forme du monde externe et non par celle du corps propre. D'autre part, les conceptions marxistes conduisaient à penser que cette détermination fonctionnelle est essentiellement de nature sociale et qu'elle est intimement liée aux formes que prend l'activité productive par laquelle l'homme transforme la Nature, les formes sociales étant déterminées par l'activité instrumentale même, impliquée dans la production.

En somme, pour définir les catégories intermédiaires, nécessaires au développement d'une psychologie générale, il était nécessaire *d'aller au-delà* des limites du subjectif et de s'en remettre aux formes objectives de la vie sociale et de la relation active de l'homme avec la Nature. A partir de là, il devenait nécessaire de trouver un type d'*unité* qui, sans cesser d'être psychologique, conserve la marque de cette référence au contexte social et naturel dont la conscience elle-même ainsi que ses produits culturels les plus élaborés, sont issus.

L'élaboration de telles unités supposait, comme prérequis minimum, la conservation des caractéristiques essentielles des fonctions supérieures de la conscience. Vygotsky partageait avec les psychologues de la Gestalt l'idée qu'un des facteurs fondamentaux de la crise de la psychologie était le modèle d'explication élémentariste pour lequel l'explication consiste en l'analyse et en la décomposition des totalités en leurs éléments constitutifs (sans tenir compte du fait qu'ils soient des «réflexes» ou des «sensations»). Pour la Gestalt, une telle décomposition impliquait, en réalité, une *destruction* des phénomènes étudiés, et aussi la perte de leurs aspects particuliers et de leurs lois propres d'organisation; de telles lois caractérisaient les phénomènes complexes de conscience précisément dans leur qualité de *totalités* indivisibles, de formes prégnantes et unitaires.

Vygotsky pensait aussi que la division des totalités complexes en éléments simples, en atomes qui ne conservaient plus les propriétés des formes dont elles avaient été extraites, rendait impossible l'étude des fonctions supérieures de conduite et de conscience. Il lui plaisait de comparer cette stratégie équivoque d'investigation avec celle d'un chimiste qui essayerait de reconstituer les propriétés de l'eau en *additionnant* celles de l'hydrogène et de l'oxygène. La méthode consistant à décomposer en éléments les totalités psychologiques complexes — disait-il — «peut se comparer à l'analyse chimique qui décompose l'eau en hydrogène et en oxygène, aucun de ces deux éléments ne contenant les propriétés du tout et, chacun, possédant des propriétés qui ne sont pas présentes dans la totalité. Ceux qui appliquent cette méthode pour comprendre par exemple la propriété de l'eau d'éteindre le feu, découvriront avec surprise que l'hydrogène l'allume et que l'oxygène le maintient. Ces découvertes ne nous aideraient pas beaucoup dans la solution du problème» (1934/1977, p. 23).

C'était en effet pour Vygotsky une image de la tactique d'investigation qui prédominait chez les psychologues objectivistes de son temps : des behavioristes aux réflexologues et aux réactologues. Ces écoles ayant une conception élémentariste de l'explication, il en résultait un inévitable appauvrissement concernant leur considération des fonctions supérieures. Par exemple, dans l'article sur «La conscience comme problème de la psychologie du comportement», il s'était référé de manière humoristique, citant la psychologie de Bechterev, à la réduction élémentariste de toutes les fonctions supérieures à des réflexes : «Le réflexe, dans le sens où nous l'entendons, rappelle beaucoup l'histoire de ce pauvre étranger en

Hollande qui se voyait répondre Kannitfershtan chaque fois qu'il demandait quelque chose, peu importe ce dont il s'agissait : qui est-on en train d'enterrer? à qui appartient cette maison? qui vient de passer? etc. Dans son ingénuité, il pensait que dans ce pays tout était fait par Kannitfershtan, alors qu'en réalité ce mot signifiait que les hollandais ne comprenaient pas ses questions..., un réflexe est comme ce Kannitfershtan (...) Qu'est-ce que la perception?, un réflexe. Que sont le langage, les gestes, les expressions faciales? Ce sont aussi des réflexes. Que sont les instincts, les pulsions, les émotions? Ce sont aussi des réflexes (...). Ceci est peut-être vrai, mais la stérilité scientifique de telles affirmations est absolument évidente. Avec un tel point de vue, non seulement la science n'éclaire pas les problèmes qu'elle étudie, ne les illumine pas (...) mais, au contraire, enveloppe tout d'un manteau opaque, où tout se mélange et se dilue. Si ceci est un réflexe et cela aussi, qu'est-ce qui distingue ceci de cela?» (1925/1976, p. 10).

Comme dans l'analyse chimique de l'eau, l'analyse des fonctions supérieures en termes d'éléments réflexes laissait sans explication les propriétés spécifiques de ces fonctions, qui restaient aussi décolorées que les réflexes eux-mêmes, converties en une «abstraction» d'où était absente toute substance explicative. En définitive, les partisans d'une approche objective en psychologie, qui étaient parvenus à d'importants succès dans l'étude des fonctions psychophysiologiques relativement élémentaires (analyse des réflexes conditionnés et inconditionnés, des formes plus mécaniques d'apprentissage et de mémoire), se montraient incapables d'offrir une explication adéquate des formes supérieures de la conduite, en diluant toute la particularité qualitative de celles-ci dans le «Kannitfershtan» du réflexe, en éliminant la possibilité de l'intervention causale de la conscience dans le jeu de la nature et en simplifiant en un schéma réactif les relations complexes entre le milieu et les fonctions de la conduite.

Tout cela était l'expression d'un matérialisme mécaniste. La *Dialectique de la nature* de Engels, qui fut publiée en Union Soviétique en 1925, et — ultérieurement — les *Cahiers Philosophiques* de Lénine, édités en 1929-1930, influencèrent beaucoup la pensée de Vygotsky. A partir de ces œuvres, la conscience ne pouvait plus être considérée comme une expression immatérielle de l'esprit ni comme un épiphénomène sans transcendance, mais comme une fonction complexe de la matière capable de *refléter activement* la réalité (le concept de *otrazenie* de Lénine) et dont l'origine se trouve dans une activité de transformation médiate (c'est-à-dire, à l'aide de moyens) de la matière, cette fonction complexe étant capable, en même temps, de réorganiser à un niveau supérieur toutes les fonctions dépendant d'elle. Engels avait développé l'idée selon laquelle l'emploi d'*instruments* et la nécessité de coopération et de travail en commun avaient joué un rôle décisif dans la transformation évolutive de l'esprit animal en conscience humaine. Cette transformation ne pouvait être comprise comme un simple changement de nature quantitative (par exemple, par un accroissement des connexions ou de la capacité associative de l'esprit), mais selon la loi dialectique du passage de la quantité à la qualité, c'est-à-dire, en termes de développement d'une *nouvelle* structure, impliquant la transformation de la structure même des processus dépendant d'elle. Dans ses premiers travaux, la conscience était conçue par Vygotsky comme un «système de transmission de réflexes». Cependant, la définition de la nature de cette transmission (instrumentale, médiatrice, significative, interactive) le conduisit peu à peu à une position qui aboutissait à nier que la conscience se réduise à un système de réflexes. Ou, si l'on veut, nous pourrions dire que partant d'une notion de la conscience plus proche (bien que non sans rapport) des réflexes de Bechterev, il en arriva à une conception plus proche de la théorie du reflet telle que la concevait Lénine.

Or, cette seconde conception impliquait, surtout, une idée *active* du reflet de la réalité grâce au travail réalisé par la conscience. Ici se trouvait la clé des unités que Vygotsky essayait de découvrir pour sa psychologie générale. En substituant l'*analyse en éléments* (où se perdent les propriétés du tout) par l'*analyse en unités* (qui les préservent), Vygotsky se rendit compte que l'unité qui pouvait maintenir les propriétés des totalités plus complexes de conscience était l'*activité* même. Il fut le premier à donner à l'activité la place centrale qu'elle allait occuper plus tard dans la psychologie soviétique (Wertsch, 1981).

Chapitre V
L'activité instrumentale et l'interaction comme unité d'analyse de la psychologie des fonctions supérieures

Pour Vygotsky, l'activité (deyatel'nost) *n'était pas la réponse* ou le réflexe seulement, mais elle impliquait également une composante de transformation du milieu à l'aide d'instruments. Le concept d'activité était très étroitement lié à celui de *médiation*. L'emploi d'outils et de moyens représente, à la fois, le développement d'un système de régulation de la conduite réflexe (tout en ne se confondant pas avec elle) et l'unité essentielle de construction de la conscience. Nous pourrions dire que les outils, les instruments sont aussi nécessaires à la construction de la conscience qu'ils le sont de n'importe quel ouvrage construit par l'homme. Ils permettent la régulation et la transformation du milieu externe, mais aussi la régulation de la conduite elle-même et de la conduite des autres, au travers des *signes*, qui sont les *outils* qui médiatisent la relation de l'homme avec les autres et avec soi-même. Etant donné que la conscience est «contact social avec soi-même», elle a une structure *sémiotique*. L'analyse des signes est «la seule méthode adaptée pour analyser la conscience humaine» (Vygotsky, 1977, p. 94).

Les bases de cette solution au problème de l'unité d'analyse des fonctions supérieures se trouvaient, en réalité, dans la pensée marxiste classique. Ceci ressort, par exemple, de l'idée de Engels selon laquelle le travail crée l'homme, ainsi que l'indiquent certains énoncés de la *Dialectique de la nature*, comme le suivant : «La spécialisation de la main, voilà qui signifie *outil* et l'outil signifie l'activité spécifiquement humaine» (Engels, 1952, p. 41). Vygotsky aimait aussi citer l'aphorisme de Bacon : «Nec manus nuda, nisi intellectus sibi permissus multum valent. Instrumentis et auxilibus res perficitur». En quoi résidait alors l'originalité de Vygotsky ?

Avant tout dans le fait qu'il se rendait compte que la solution au problème de trouver une unité qui accomplisse, réellement, un rôle «unificateur» de la psychologie naturaliste et de la psychologie descriptive des fonctions supérieures, se trouvait dans la conduite instrumentale. Son originalité résidait ensuite dans le fait qu'il transformait les affirmations philosophiques de Engels en hypothèses génétiques concrètes pouvant servir d'instruments conceptuels de base pour les psychologues. Son originalité résidait enfin dans le fait qu'il élargissait de manière géniale le concept d'instrument aux notions de symbole et de signe. En quelques mots, nous pourrions dire que Vygotsky s'était aperçu que l'analyse dialectique des fondements de la psychologie conduisait à une nouvelle conception de l'origine, du développement et de la nature des fonctions supérieures, qui permettait à la psychologie de sortir du «solipsisme» dans lequel elle avait été enfermée aussi bien par les réductionnistes objectivistes que par les tenants des thèses idéalistes. La construction du sujet ne se fait pas de manière univoque, de l'intérieur vers l'extérieur. Le sujet n'est pas un reflet passif du milieu, pas plus qu'il n'est un esprit existant préalablement au contact des choses et des personnes. *Il est* au contraire *le fruit de la relation*. Et la conscience n'est pas, pour ainsi dire, une source d'où seraient originaires les signes, mais le résultat des signes mêmes. Les fonctions supérieures ne sont pas seulement un prérequis à la communication, mais elles sont le résultat de la communication même. Je sais que ces affirmations peuvent paraître paradoxales et continuent à être difficiles à comprendre dans une perspective solipsiste du développement (perspectives solipsistes qui ont encore beaucoup de force dans la psychologie actuelle), mais elles constituent l'essence même de la position de Vygotsky.

La possibilité de transformer le monde actuel grâce à l'emploi d'outils pose les conditions de la modification de l'activité réflexe même et de sa transformation qualitative en conscience. Mais ce processus est médiatisé par la construction d'une classe spéciale d'outils, à savoir ceux qui permettent d'accomplir des transformations *sur* les autres, ou bien au travers des autres dans le monde matériel. Ces outils sont qualifiés de «signes» et sont essentiellement fournis par la culture, par les personnes qui entourent et «construisent» l'enfant dans son développement; ils sont donc essentiellement fournis par les autres. On peut comprendre à partir de là l'affirmation selon laquelle le vecteur fondamental du développement est celui défini par l'intériorisation des instruments et des signes et par la conversion des systèmes de régulation externe (instruments, signes) en moyens de régulation interne, ou d'*autorégulation*. Lorsque ces systèmes d'autorégulation, à leur tour, s'intériorisent, ils modifient dialectiquement la structure de la conduite externe, qui ne pourra plus se comprendre comme une simple somme ou expression de réflexes.

Pour cela, la conception instrumentale de Vygotsky était indissolublement liée à l'idée de la genèse historico-culturelle des fonctions supérieures. Si la conduite symbolico-instrumentale finit par se constituer en fondement de l'activité volontaire et des symboles intérieurs de la conscience, ceci est dû en *premier lieu* au fait qu'elle est devenue symbolique par la médiation des autres et qu'elle a servi à réguler leur comportement. Les sources de l'activité volontaire ne sont ni dans les hauteurs de l'esprit ni dans les profondeurs du cerveau (Luria). La scission entre l'idéalisme des phénoménologues et le positivisme naturaliste des objectivistes était une conséquence de la perte du maillon fondamental permettant la connexion entre les fonctions physiologiques et les créations plus complexes et libres de l'esprit. Ce maillon ne résiderait pas dans l'individu même, mais *hors* de lui, dans les formes collectives et historiquement déterminées de la vie sociale. Les fonctions supérieures n'ont pas seulement une origine naturelle, mais encore ont-elles, avant tout, une *histoire sociale*; rappelons-nous ce que disait Vygotsky en 1924 : «La conscience est, pourrions-nous dire, contact social avec soi-même». Mais il arrive que «soi-même», en tant qu'être conscient et capable d'activité volontaire, soit le résultat d'un dédoublement qui est permis par la relation avec les autres. Vygotsky partait donc de l'idée de la «genèse sociale de l'individu». La conscience et les fonctions supérieures s'enracinent dans l'espace extérieur, dans la relation avec les objets et les personnes, dans les conditions objectives de la vie sociale. Elles ne sont pas un résultat des associations réflexes d'un cerveau plongé dans un vide social, ni une conséquence du déploiement de possibilités préfigurées dans un esprit solitaire, mais la construction résultant d'une relation; il s'agit de processus dans lesquels se réplique et se reflète l'action sur les objets et, plus concrètement sur les objets sociaux. A partir de ces bases, il est possible de comprendre la loi fondamentale du développement des processus supérieurs. C'est ce que nous pouvons appeler la *loi de la double formation* et que Vygotsky définissait de la manière suivante en 1931 :

> «Dans le développement culturel de l'enfant, toute fonction apparaît deux fois : dans un premier temps, au niveau social, et dans un deuxième temps, au niveau individuel; dans un premier temps *entre* personnes (*interpsychologie*), et dans un deuxième temps à l'*intérieur* de l'enfant lui-même (*intrapsychologie*). Ceci peut s'appliquer de la même

manière à l'attention volontaire, à la mémoire logique et à la formation de concepts. Toutes les fonctions supérieures trouvent leur origine dans les relations entre les êtres humains» (1931/1978, p. 57).

Vygotsky qualifiait d'«intériorisation» la reconstruction interne de l'activité externe. Pour lui, l'intériorisation implique une réorganisation des activités psychologiques sur la base des opérations effectuées avec des signes et suppose l'incorporation de la culture par le sujet en même temps que le sujet se constitue et que s'effectue la restructuration des activités réflexes de l'organisme.

Quel était le rôle de la conduite instrumentale dans tout ce développement? Vygotsky établissait une analogie de base entre les signes et les outils, par la *fonction médiatrice* des deux. Cependant, il signalait aussi qu'il serait périlleux d'exagérer les ressemblances entre les outils matériels et les signes, ou de les considérer comme isomorphes en ce qui concerne leurs fonctions : «Une différence fondamentale entre l'outil et le signe... est la manière distincte dont ils orientent l'activité humaine. La fonction de l'outil est celle de servir de conducteur à l'influence humaine dans l'objet de l'activité; elle se trouve orientée de *manière externe* et doit réaliser des changements dans les objets (...) D'un autre côté, le signe ne change absolument rien à l'objet d'une opération psychologique. Donc, il s'agit d'un moyen d'activité interne qui aspire à se dominer lui-même; le signe est, par conséquent, orienté *vers l'intérieur* (ibid., p. 55). Cependant, avant de servir de moyens à l'activité interne, les signes sont des médiateurs externes, des instruments que le milieu culturel procure à l'enfant. *Les signes en tant que médiateurs externes (avant d'être intériorisés) sont développés ontogénétiquement à partir de la conduite instrumentale du sujet,* quand celle-ci se réalise dans des situations interpersonnelles. Dans l'œuvre de Vygotsky, cette idée est préfigurée sans toutefois y être développée. Comment, autrement, comprendre le bel exemple qu'emploie Vygotsky pour illustrer les relations entre la conduite instrumentale et les signes : le développement du geste d'indication. Il s'agit au début d'une simple tentative pour atteindre ou saisir un objet. Mais, «lorsque la mère vient en aide au petit et se rend compte que son mouvement indique quelque chose, la situation change radicalement. Le fait d'indiquer se convertit en un geste pour les autres. La tentative infructueuse de l'enfant engendre une réaction, non de l'objet qu'il désire, mais d'une autre personne» (*ibid.*, p. 56). Lorsque l'enfant peut établir la relation entre sa tentative de saisir et la réaction de la mère, une fonction nouvelle se développe; le mouvement, qui avant était orienté vers l'objet, l'est maintenant vers la personne. *«Le mouvement de saisir — dit Vygotsky — se transforme en geste d'indication»* (*ibidem*).

Et cette transformation implique une condensation, une simplification physique de l'acte qui établit la base de son intériorisation.

Sans les autres, la conduite instrumentale ne parviendrait jamais à se convertir en médiation significative, en signe. Sans la conduite instrumentale, il n'y aurait pas de matériaux pour réaliser cette conversion. Sans les signes extérieurs, l'intériorisation et la construction des fonctions supérieures ne seraient pas possibles. Vygotsky donnait ainsi une définition précise de celles-ci : «Nous pouvons employer le terme de fonction psychique supérieure ou de *conduite supérieure*, lorsque nous nous référons à la combinaison de l'outil et du signe dans l'activité psychologique» (*ibid.*, p. 55).

Nous devons résumer les positions antérieures (peut-être excessivement schématiques) avant de continuer plus avant. Afin d'être clair, je me permettrai d'énoncer les aspects fondamentaux du point de vue instrumental en une série d'énoncés concis, même au risque de simplifier excessivemment les idées de Vygotsky :

1. L'unité d'analyse de la psychologie des fonctions supérieures est l'activité instrumentale.

2. Les fonctions supérieures impliquent la combinaison des outils et des signes dans l'activité psychologique.

3. La transformation de l'instrumental en significatif est médiatisée et permise par la relation avec les autres.

4. La conversion de l'activité en signe implique sa condensation.

5. Les signes sont, à leur origine, des médiateurs qui permettent de réguler la conduite des autres. Au moyen des signes, les autres régulent la conduite de l'enfant, et l'enfant, la conduite des autres.

6. Le vecteur fondamental du développement des fonctions supérieures implique l'intériorisation des processus de relation sociale.

7. L'origine de ces fonctions n'est pas dans le déploiement centrifuge de l'esprit ou des connexions cérébrales, mais dans l'histoire sociale.

8. La culture procure les outils symboliques nécessaires à la construction de la conscience et des fonctions supérieures (fondamentalement les symboles linguistiques).

9. Le développement ne consiste pas essentiellement en la socialisation progressive d'un individu, à l'origine isolé et «autiste», mais en l'individuation d'un organisme fondamentalement social dès l'origine.

10. Nous pourrions dire que l'individu, en tant qu'organisation consciente de processus et de fonctions internes avec des signes (qui

permettent l'activité volontaire et le contrôle autorégulateur) est issu de la relation sociale.

11. La scission et la crise entre une psychologie objective des fonctions élémentaires et une psychologie subjective et idéaliste des fonctions supérieures peut se résoudre à l'aide d'un paradigme unificateur permettant le rétablissement du chaînon manquant, ceci en sortant des *limites* du sujet pour aller, aux formes sociales de relation, car c'est seulement ainsi qu'il sera possible de saisir, dans une perspective scientifique et explicative, le sujet lui-même.

Il est évident que ces énoncés renferment un ambitieux programme de reconstruction de la psychologie impliquant des changements conceptuels et méthodologiques de grande ampleur, ainsi que tout un projet de recherche. Vygotsky n'eut pas le temps de parfaire, même dans ses grandes lignes, ce programme. Cependant, il convient de se demander comment il put développer un tel programme dans la très courte période allant du congrès de Léningrad de 1924 à la fin des années vingt dont l'un des événements marquants fut, en 1926, la rédaction de son livre *La signification historique de la crise de la psychologie*.

Un aspect important de son génie consista à construire une «synthèse supérieure» à partir d'un vaste ensemble d'influences. En premier lieu, et comme nous l'avons déjà indiqué, Vygotsky était un théoricien marxiste. Il avait compris en profondeur les subtilités de la méthode dialectique et il connaissait bien les travaux de Marx, Engels et Lénine, y compris les textes qui paraissaient tandis que lui-même menait à terme la construction d'une psychologie dialectique. Il s'inspira certainement des notions fondamentales développées par Engels et Lénine quant aux idées essentielles, comme celle de la genèse sociale de la conscience ou du rôle des outils et de l'activité productive dans les processus d'humanisation (et d'hominisation).

De plus, Vygotsky avait une vaste connaissance de la psychologie de son temps. Le travail pavlovien sur l'«activité nerveuse supérieure» et les unités structurales de base des fonctions adaptatives, c'est-à-dire les réflexes conditionnés, eurent une influence fondamentale sur Vygotsky. La psychophysiologie pavlovienne apparaissait en filigrane dans l'analyse matérialiste des fonctions mentales. Bien que Vygotsky n'acceptât pas les thèses réductionnistes de Bechterev et des réflexologues, il connaissait bien les travaux de Bechterev (en 1928, peu après la mort de Bechterev, Vygotsky publia un article dans la revue *Education publique* en sa mémoire). La connaissance et l'intérêt de Vygotsky pour la psychophysiologie influencèrent toujours beaucoup son œuvre (et plus encore en ses développements finaux).

Vygotsky fut par ailleurs influencé par la biologie évolutionniste et par l'ensemble des hypothèses formulées dans son contexte sur l'origine de l'homme et les processus d'hominisation. Il fut non seulement influencé par les interprétations qu'en faisait Engels mais il s'informa auprès des biologistes eux-mêmes. Luria (1979) raconte que Vygotsky maintint une correspondance régulière avec le biologiste évolutionniste V.A. Wagner, spécialiste de l'étude comparative de la conduite animale, dont les idées sur l'évolution lui firent grande impression. Une des caractéristiques fondamentales de l'œuvre de Vygotsky, bien que cet aspect ait été peu étudié, est précisément sa *cohérence* avec les connaissances sur la phylogenèse de l'homme. Dans le rôle décisif assigné à la conduite instrumentale et à la coopération sociale en tant qu'origine des fonctions supérieures, se reflète le cadre phylogénétique de la transformation des hominidés lorsqu'ils passent à un milieu de savane, libèrent leurs mains grâce à la station debout, développent l'emploi d'outils et s'organisent en groupes de coopération pour la défense, la chasse et la récolte et, à plus long terme, pour la transformation productive de la nature. Il faut signaler que Vygotsky n'était *pas* disposé à accepter la notion simplifiée de l'ontogenèse comme récapitulation de la phylogenèse. Cependant, tout son travail est fortement imprégné d'une conception évolutionniste de l'ontogenèse elle-même. On peut sentir cette influence dans sa conception fondamentale concernant le développement des fonctions supérieures, dans son opposition à l'absurdité biologique qui consistait à considérer le fait psychique comme un épiphénomène gratuit de la nature et non comme une fonction d'adaptation à celle-ci, ainsi que dans les définitions et les conceptions mêmes de la méthode caractéristique de l'Ecole historico-culturelle à savoir : la méthode instrumentale ou génético-expérimentale qui prescrivait l'observation des fonctions psychologiques au moment même de leur construction génétique et non après leur critallisation en structures achevées.

La pensée de Vygotsky fut également fondamentalement influencée par ses lectures et ses abondantes connaissances de la psychologie occidentale, spécialement de langue allemande. Parmi les chercheurs de son époque qui eurent le plus d'influence sur les membres de l'Ecole historico-culturelle, Luria (1979) cite Kurt Lewin, Heinz Werner, Wolfgang Köhler, William Stern, Karl Bühler et Charlotte Bühler. Bien que les membres de l'Ecole historico-culturelle n'acceptassent pas la tendance à la description phénoménologique (vs. l'explication), ni la propension de certains d'entre eux à faire émerger du néant, de manière soudaine, les symboles et les fonctions supérieures, il est certain qu'ils partageaient leur conviction concernant le caractère émergent des propriétés des fonctions supérieures et l'impossibilité de les réduire aux fonctions inférieures.

C'était quelques-unes des influences fondamentales dont le petit groupe, en train de se former autour de Vygotsky, faisait l'objet. Cependant, la synthèse, le produit final, était marqué du sceau de l'originalité et de la clarté au niveau des idées, très spécifiques du génie de Vygotsky. Par ailleurs, plus qu'un système détaillé, articulé et complet, l'œuvre de Vygotsky présentait un caractère d'ébauche, celui-là même dont il usait fréquemment pour exposer ses idées, dans sa façon de les communiquer par touches impressionnistes. Ainsi que le signale Bruner, «le génie de Vygotsky était de caractère exclusif. A la différence de Pavlov ou de Piaget, par exemple, il n'y avait rien de massif ou de glacé dans le corpus de sa pensée ni dans le déroulement de celle-ci. Sa pensée se rapprochait par exemple, de celle du Wittgenstein de la dernière période : s'exprimant parfois par aphorismes, fréquemment par touches impressionnistes, tel un génie visionnaire» (1985, p. 23). Ces caractéristiques rendent difficile une présentation systématique de sa pensée. Les écrits de psychologie de Vygotsky se présentaient souvent sous forme de schémas, de dessins rapides, d'intuitions, plus que sous la forme de tableaux hyper-réalistes. La raison de ceci résidait probablement dans le fait que Vygotsky n'eut pas le temps (et peut-être le savait-il depuis 1925, date à laquelle son état de santé s'était aggravé) de réaliser un développement systématique et articulé jusqu'au détail, de ses idées. Cependant ses écrits présentaient la caractéristique d'une tendance à voir les choses de manière ouverte, en fonction de perspectives multiples et dans un style «chromatique» de pensée, réglé non seulement par la forme froide des idées, mais aussi par la variété pluriforme de la réalité de l'homme et de la culture. C'est pour toutes ces raisons que la comparaison établie par Stephen Toulmin (1978) entre le génie de Vygotsky et celui de Mozart s'avère très pertinente. L'analogie, dans ce cas, dépasse de loin la seule mort prématurée de ces deux personnages remarquables.

Cette façon «chaleureuse» de penser était très attractive pour les collaborateurs et les élèves de Vygotsky. Au début, les trois membres du petit groupe de départ se réunissaient dans la maison de Vygotsky, une ou deux fois par semaine, pour discuter des aspects fondamentaux du nouvel édifice qui était en train de prendre forme. Ils travaillaient ensemble en maintes occasions : mis à part les réunions plus privées, ils partageaient le travail à l'Institut dirigé par Kornilov, et en 1927-1928, tous trois entrèrent au laboratoire de l'Académie d'éducation communiste

Krupskaya. Progressivement, le groupe s'ouvrit à de jeunes étudiants désireux de participer au travail d'élaboration qu'exigeait le projet de Vygotsky. Les premiers à se joindre au groupe furent Bozhovich, Levina, Morozova, Slavina et Alexander Zaporozhets. Vinrent ensuite Elkonin et Galperin, le premier venant de Léningrad, le deuxième de Jarkov. Il suffit de regarder cette liste pour comprendre l'énorme influence que devait avoir à long terme l'œuvre de Vygotsky — malgré les tentatives qui à l'avenir devaient tenter de l'enterrer —.

D'une façon générale, la méthode de travail suivie consistait à construire des modèles expérimentaux basés sur les idées discutées par Vygotsky, Léontiev et Luria, et ce n'est qu'ensuite que les plus jeunes collaborateurs venaient se joindre aux projets de travail et y proposer leurs idées. Luria était chargé d'organiser le travail des étudiants, qui réalisaient des études-pilotes se fondant sur les hypothèses de l'Ecole historico-culturelle.

La période s'étendant de 1925 à 1930 fut décisive pour l'organisation de ce groupe de jeunes psychologues pleins d'enthousiasme. Les membres du groupe sentaient qu'ils participaient à une œuvre de création, à la construction d'une psychologie nouvelle. Malgré l'indifférence générale dont ils furent entourés jusqu'en 1930 et en dépit de l'incompréhension de leurs concepts psychologiques, ils développèrent avec rapidité la structure théorique de la psychologie instrumentale dans ses aspects les plus essentiels et, à la fin des années vingt, ils commencèrent à effectuer des observations expérimentales destinées à illustrer leurs nouvelles idées.

C'est avec ardeur que Luria évoquait ces temps d'enthousiasme :

«Il est extraordinairement difficile, après tant de temps, de retrouver l'irrésistible enthousiasme qui avait permis de mener à terme ce travail. Tout le groupe consacrait la quasi-totalité de ses heures d'éveil au grand plan de reconstruction de la psychologie qui était le nôtre. Lorsque Vygotsky partait en voyage, les étudiants écrivaient des poèmes en son honneur. Lorsqu'il donnait une conférence à Moscou, tout le monde allait l'écouter. Ses conférences constituaient toujours de grands moments. Il n'était pas rare qu'il parlât durant trois, quatre ou cinq heures d'affilée, et ceci, avec un minimum de notes. Une grande partie du matériel à notre disposition aujourd'hui et qui nous permet de décrire le travail de Vygotsky provient des notes dactylographiées de ces conférences» (1979, p. 72).

A la fin des années vingt (à partir de 1928), la nouvelle perspective théorique était tracée dans ses lignes essentielles. Vint le moment de recueillir les observations qui allaient donner un support empirique à la perspective instrumentale en train de se construire.

Chapitre VI
Les études expérimentales sur la genèse et la variabilité culturelle des fonctions supérieures. La méthode génétique expérimentale

Le projet théorique de Vygotsky impliquait la réalisation d'études expérimentales centrées principalement sur deux grands aspects : 1) la genèse et le développement des fonctions supérieures chez l'enfant, et 2) l'influence des variables transculturelles sur la nature des processus cognitifs. Il est nécessaire de rappeler la perspective de base dans laquelle s'inscrivaient les recherches relatives à l'un et l'autre secteur, autrement dit, les hypothèses plus générales qui étaient sous-jacentes aux travaux de l'Ecole historico-culturelle :

1. L'idée directrice des études sur le développement consistait à mettre en évidence les processus de construction des fonctions «*in vivo*», et notamment le rôle des instruments et des signes dans ladite construction, de même que le rôle de la médiation «culturelle», représentée par l'expérimentateur lui-même.

2. En ce qui concerne les études transculturelles, le principe qui les guidait était le suivant : *si* les fonctions ont une origine culturelle, *alors* leur propre nature sera variable et dépendra des caractéristiques de la culture dans laquelle elles surgissent. Nous allons maintenant nous référer à quelques-uns des travaux réalisés par les collaborateurs de Vygotsky dans ces deux grands domaines.

1. Dans la recherche sur le développement des fonctions supérieures, se détachent un certain nombre de travaux; il s'agit des expérimentations

de Léontiev sur la mémoire, de Sakharov et de Sif sur la formation des concepts, de Morozova, sur les processus de choix multiple, des travaux de Zaporozhets, sur l'organisation de la conduite motrice, de Levina, sur le langage et la planification de l'action et de Luria, sur la pensée et le langage chez l'enfant.

Les travaux sur la mémoire, restèrent, principalement, à la charge d'Alexei Léontiev. Son travail avec des enfants normaux et déficients consistait essentiellement à leur fournir la possibilité d'employer des stimuli auxiliaires les aidant à se souvenir d'une série de stimuli (par exemple, le dessin d'un traîneau afin de se rappeler le mot «cheval»). Les petits enfants ne faisaient pas usage de ces aide-mémoire, même quand ils étaient capables de se rappeler par un processus «naturel» quelques mots. Dans une phase ultérieure, les clés étaient incorporées à leur propre tâche de mémorisation, mais celles-ci évoquaient des traductions différentes de celles établies par l'expérimentateur (par exemple «neige» et non cheval). Manifestement, ce n'est qu'ultérieurement que les clés *externes* jouaient enfin un rôle dans les processus de mémorisation, les enfants jusqu'à 9-10 ans ne se servant pas de leurs propres clés internes. Ce progrès correspondait à l'intériorisation significative d'outils-signes qui, dans ce cas, constituaient des moyens de régulation de leurs propres processus de mémoire. Il faut souligner que ces travaux sont proches des récentes recherches sur le contrôle métacognitif de la mémoire (cf. par exemple, Flavell & Wellman, 1977); ils montrent l'importance du développement des stratégies de contrôle des processus de mémoire eux-mêmes dans la détermination de la compétence au niveau de la mémorisation. En réalité, cette référence aux aspects *métacognitifs* (c'est-à-dire, au contrôle et à la régulation des processus cognitifs comme tels) est caractéristique de toutes les recherches sur le développement du groupe de Moscou. L'originalité de la position de l'Ecole historico-culturelle, dans cet aspect, résidait dans le présupposé implicite selon lequel le développement cognitif est déterminé et réglé par le développement métacognitif, par l'acquisition et l'intériorisation des outils d'autorégulation. Selon Vygotsky, le développement cognitif (pour employer la terminologie actuelle) est essentiellement un développement métacognitif.

Morozova incorpora le système de présentation de clés, imaginé par Léontiev, à ses propres expériences concernant les tâches à choix multiple chez des enfants de 3 et 4 ans. Elle démontra la valeur des clés dans la facilitation d'une tâche qui, sans cela, aurait exigé des compétences très supérieures aux possibilités cognitives des enfants.

Les clés à caractère linguistique sont celles qui certainement ont le plus d'importance dans la régulation de l'action et des fonctions cognitives. Au fur et à mesure du développement, le langage devient un instrument fondamental de la régulation de l'action et de la pensée. L'assimilation des symboles linguistiques à l'activité pratique et instrumentale de l'enfant constitue un premier pas, d'une importance primordiale, dans la transformation qualitative et dialectique de l'action humaine : «Le moment le plus significatif du développement intellectuel, d'«émergence» des formes les plus purement humaines de l'intelligence pratique et abstraite, intervient lorsque le langage et l'activité pratique, deux lignes de développement auparavant complètement indépendantes, convergent» (1930, *op. cit.*, p. 48). Le langage, né comme structure communicative, est incorporé aux systèmes de médiation instrumentale de l'enfant et devient, au cours du développement, un régulateur fondamental de cette médiation. «Les enfants — disait Vygotsky — résolvent des tâches pratiques avec l'aide du langage comme avec l'aide de leurs yeux et de leurs mains. Cette unité de perception, de langage et d'action, qui en dernière instance produit l'intériorisation du champ visuel, constitue le thème central de n'importe quelle analyse des formes de conduite spécifiquement humaines» (*ibid.*, p. 49-50).

C'est à ce thème central de la fonction planificatrice de la parole que furent consacrés les premiers travaux de R.E. Levina. Sa technique consistait à confronter des enfants de 3 et 4 ans à des problèmes d'intelligence pratique semblables à ceux que Wolfgang Köhler avait utilisés dans ses études sur la résolution de problèmes avec les chimpanzés. Lorsqu'on place les enfants en situation de résolution de problèmes exigeant des solutions intelligentes de «détour», de différenciation moyens-fins et d'emploi d'instruments (par exemple, essayer d'attraper un caramel hors de portée, mais pouvant être obtenu à l'aide d'un bâton et d'un tabouret situés à proximité de l'enfant), les enfants plus jeunes se comportent comme les chimpanzés. Cependant, il se trouve un moment où l'activité de l'enfant présente un changement très significatif : elle s'accompagne d'un «langage égocentrique», qui décrit et analyse le problème sans cependant encore induire sa solution. Peu à peu, ce langage acquiert la fonction de *guidage et de planification* de l'action de l'enfant. Il n'est plus un simple accompagnement de l'action, ni une simple fusion dans l'unité perception-langage-action, mais l'instrument fondamental d'analyse de la perception, de régulation et de planification de l'action. Il acquiert en somme la valeur *instrumentale* (en tant que médiateur de l'action propre) qu'il a chez les adultes. Dans ce développement, l'action même se modifie : elle se fait plus libre, plus indépendante du champ perceptif, plus flexible et médiate, plus réflexive et indirecte. Mais la structure même du langage égocentrique se modifie aussi, se condense peu à peu, tout en se faisant prédicative et elliptique, synthétique et condensée en un processus d'intériorisation progressive. Les investigations de Levina fournissent un matériel d'observation d'une grande importance pour la construction théorique de l'ouvrage *Pensée et langage* que Vygotsky allait réaliser ultérieurement.

Une orientation très proche fut celle qui guida les travaux d'Alexander Zaporozhets sur l'organisation de l'action motrice au cours du développement. La technique consistait à mettre les enfants face à des situations dans lesquelles la réalisation d'une activité motrice devait obéir à une règle externe. Dans ce cas, on observait également une évolution depuis une motricité impulsive et non régulée vers un contrôle moteur «interne», moyennant une phase intermédiaire de contrôle externe et médiatisé par les stimuli externes ou par les clés verbales des adultes. Luria réalisa aussi des recherches sur le développement du contrôle moteur.

En dernier lieu, nous devons citer les recherches de Luria lui-même sur la capacité infantile de créer spontanément (au moyen de dessins) des clés instrumentales capables d'aider les fonctions cognitives et les travaux importants de Sakharov et de Sif, sur la classification et la formation de concepts. Ces travaux illustraient les profonds changements de signification dont sont l'objet les mots au cours du développement, dans la mesure où les structures préconceptuelles qui les soutiennent, se modifient peu à peu, en passant d'un «tout inorganisé» à des complexes et à des pseudoconcepts avant de devenir des significations proprement conceptuelles. Ces études devaient aussi jouer un grand rôle dans l'élaboration ultérieure de *Pensée et langage*.

Le style théorique et les premiers résultats de ces travaux peuvent être analysés en particulier dans le livre que Vygotsky et Luria publièrent en 1930 et qui s'intitule *Etudes sur l'histoire du comportement*. Cet ouvrage se fondait sur l'idée d'une «faible analogie» entre le développement culturel de l'humanité et l'ontogenèse des fonctions supérieures, entre le développement des systèmes de médiation instrumentale et les structures de signes chez l'homme primitif et chez l'enfant. Cette analogie apparaissait dans nombre de conceptions évolutives et anthropologiques des années vingt. Elle était explicite chez des anthropologues comme Thurnwald et Levy-Bruhl, qui influencèrent Vygotsky, et chez des psychologues du développement comme Heinz Werner, dont les travaux étaient très connus des jeunes chercheurs de l'Ecole de Moscou. Les chapitres de cet ouvrage concernant la conduite des anthropoïdes et les formes culturelles de l'homme primitif furent réalisés par Vygotsky qui montra toujours un grand intérêt envers les thèmes d'anthropologie comparée.

2. Les considérations théoriques sur lesquelles se fondaient les *Etudes sur l'histoire du comportement* furent les mêmes que celles qui motivèrent la réalisation du second type de recherches auxquelles nous nous référions auparavant, concernant l'influence des variables transculturelles dans les processus cognitifs. Selon Vygotsky, la crise qui avait donné lieu à une rupture entre l'étude naturelle des fonctions adaptatives élémentaires et la seule description phénoménale des contenus supérieurs de conscience, était aussi à l'origine d'une rupture entre la psychologie individuelle et l'étude des formations culturelles variées des sociétés humaines. Les mêmes présupposés élémentaristes qui ne permettaient pas à Wundt et aux réflexologues d'*expliquer* les fonctions supérieures, s'appliquaient également à leur impossibilité de situer le sujet dans son environnement culturel de construction. Wundt lui-même se rendait compte de ceci quand il assignait à la *Völkerpsychologie*, et non à la psychologie expérimentale, l'étude des contenus supérieurs de la pensée. Du point de vue de l'Ecole historico-culturelle, les fonctions supérieures étaient conçues comme des transformations intériorisées de modèles de l'interaction sociale, et la construction de la conscience était comprise comme incorporation de la culture, à travers la relation avec les autres. Ceci signifiait aussi que les psychologues de l'Ecole de Moscou s'opposaient aux conceptions universalistes sur la nature des fonctions supérieures, qui prédominaient par exemple chez les psychologues de la Gestalt, pour lesquels les formations supérieures de la perception et la pensée étaient le résultat de la structuration endogène de formes fermées, plus que de l'interaction interpersonnelle. En conclusion, les orientations de Vygotsky conduisaient à l'idée d'une nature culturelle des fonctions supérieures, dont l'illustration la plus manifeste devait consister en la démonstration selon laquelle la structure même de ces fonctions diffère selon les cultures.

Les années trente en Union Soviétique ont été une période tout à fait adaptée à l'analyse de l'influence des variables culturelles sur les fonctions supérieures de perception, de mémoire et de pensée. Le programme de mécanisation et de collectivisation du travail et de la propriété, qui avait été mis en place à partir de la fin des années vingt, donnait lieu à un changement culturel de grande envergure tout comme à un profond changement de l'organisation sociale de millions d'agriculteurs et de pasteurs, qui furent intégrés à des formes collectives de travail ainsi qu'à une campagne d'alphabétisation et d'éducation. S'était ainsi établie une situation qui permettait de comparer le fonctionnement cognitif de groupes qui maintenaient encore des formes traditionnelles d'organisation et de culture, avec celui d'autres groupes qui, bien qu'ils eussent la même culture d'origine, subissaient une situation de changement culturel accéléré. En 1930 et 1931, Luria dirigea deux expéditions en Uzbekistan et au Khigiria, en Asie Centrale, où les changements étaient spécialement marqués et impliquaient, dans de nombreux cas, le passage de cultures nomades de pasteurs à des fermes collectives. Le gestaltiste allemand Kurt Koffka (qui, selon Luria, ne s'intégra pas au travail d'équipe et ne put donc pas comprendre, à partir de ses hypothèses universalistes, les objectifs principaux de cette expédition), participa à la seconde de ces expéditions. Dans les études réalisées, furent analysés les processus de perception, de généralisation et d'abstraction, de raisonnement et de résolution de problèmes dans les groupes les plus traditionnels et ceux assimilés à la campagne d'alphabétisation et de changement social. Ce n'est que quarante ans plus tard que les résultats de ces investigations furent publiés dans leur totalité, dans l'*Histoire sociale des processus cognitifs* de Luria. Bien que les différences en fonctions, classiquement conçues comme universelles (par exemple, la perception) fussent favorables aux thèses de l'Ecole de Moscou, la publication fut retardée peut-être à cause du fait que ces informations n'étaient pas facilement interprétables (Cole, 1985), mais aussi dans le pressentiment que ces études et leurs résultats pouvaient se prêter à des interprétations inadéquates et à des manipulations politiques comme cela fut effectivement le cas ultérieurement. Vygotsky fut accusé de «grand chauviniste russe», sur la fausse impression que les investigations en Asie Centrale donnaient une image dépréciée du fonctionnement psychologique des sujets de cultures traditionnelles. Il s'agissait en fait d'une déplorable équivoque : la conception socio-culturelle a été précisément l'une des rares perspectives psychologiques capable de rendre compte, d'un point de vue non ethnocentrique, de la nature et de la diversité culturelle des processus supérieurs. L'interprétation de tels processus comme activités instrumentales d'adaptation, qui reflètent les propriétés des mécanismes d'interaction et des formes sociales d'organisation, excluait la possibilité de l'ethnocentrisme et de l'universalisation inadéquate des fonctions supérieures. Ceci est un exemple supplémentaire de la falsification qui se produit lorsque les résultats descriptifs de la recherche sont utilisés dans des optiques politiques et normatives dans le pire sens du mot : l'histoire de la science offre d'abondants exemples de la tendance des pouvoirs à occulter les faits quand ils ne correspondent pas à leurs intérêts et, en passant... à sacrifier le «découvreur» des faits (le scientifique) pour avoir osé les établir.

Lorsqu'en tant que psychologues occidentaux, formés à l'opérationnalisme et à l'interprétation étroitement positiviste de l'expérimentation, nous analysons les premières recherches de Vygotsky et de ses collaborateurs, nous avons une sensation de provisoire, d'études peu élaborées (Cole & Scribner, 1978). A la présentation détaillée des résultats, se substituent des descriptions rapides sans données statistiques. Dans les situations expérimentales, les expérimentateurs assumaient une position active et changeante. Ces caractéristiques n'étaient pas seulement dues au caractère pilote et provisoire que présentaient, sans doute, nombre de ces travaux, mais aussi à la logique méthodologique à laquelle conduisaient les conceptions de l'Ecole socio-culturelle. Il est nécessaire que nous nous arrêtions brièvement sur les conceptions développées par Vygotsky concernant la méthodologie en psychologie.

Chez Vygotsky, l'une des idées les plus enracinées était celle selon laquelle l'investigation psychologique ne devait pas se limiter à la confrontation de modèles artificiels et éloignés du monde réel. La «validité écologique», ainsi que nous la désignons aujourd'hui, était l'une de ses aspirations fondamentales. Les situations réelles, qu'elles soient de travail, d'éducation ou de clinique, étaient les plus appropriées au recueil des observations et à la traduction des possibilités de transformation et d'amélioration des conditions de l'homme par la psychologie. Par ailleurs, la suppression «expérimentale» des variables socio-culturelles revendiquée par une grande partie des tenants de l'investigation expérimentale, était incompatible avec la logique propre à l'Ecole socio-culturelle qui considérait les fonctions supérieures comme le produit de l'interaction culturelle (le mot «culture» étant compris dans son sens le plus large). Dans cette logique, nous pourrions dire que tenter d'étudier les processus complexes en éliminant l'influence des variables culturelles serait comme jeter le bébé avec l'eau du bain, puisque la particularité de ces fonctions serait, ainsi, éliminée.

Vygotsky rejetait la conception positiviste selon laquelle les méthodes sont neutres, entièrement séparées des points de vue théoriques. Il les comprenait davantage, selon l'optique marxiste, comme des réalisations pragmatiques de présupposés théoriques. Il était ainsi convaincu que la critique des modèles antérieurs des fonctions psychologiques impliquait aussi une critique de leurs produits méthodologiques et il pensait également que la formulation d'une approche entièrement nouvelle de la genèse et de la nature de ces fonctions conduisait à la construction d'une nouvelle méthodologie. Les nombreuses différences apparaissant entre les procédures employées par les différentes écoles de psychologie (qu'il s'agisse de Watson, de Bechterev et Wundt ou des gestaltistes) résultaient en fait de ce que Vygotsky qualifiait de *schéma stimulus-réponse*. L'adoption de ce schéma par les psychologues introspectionnistes de la fin du XIXe siècle devait en réalité supposer un progrès important dans l'orientation de la psychologie sur un «chemin ferme» comparable au style et à la méthode des sciences naturelles. Cependant, ce schéma, né de l'investigation psychophysique des phénomènes psychologiques les plus simples et les plus réactifs, devait s'avérer inadéquat pour étudier les formes supérieures et spécifiquement humaines de la conduite. Le présupposé de base du schéma S-R était celui de la variation quantitative des réponses en fonction des variations quantitatives des stimuli; ce schéma devait pourtant se révéler incapable de rendre compte des variations dialectiques *de qualité* entre la conduite animale et les formes supérieures de la conduite humaine. Partant de la distinction, établie par Engels, entre les points de vue naturalistes et dialectiques de l'histoire, Vygotsky considérait que les méthodes S-R en psychologie présentaient les mêmes limitations que les points de vue naturalistes en histoire; la plus notable de ces limitations avait trait à l'impossibilité d'expliquer adéquatement la fonction transformatrice que l'homme exerce lui-même sur la nature et l'histoire. En résumé : les schémas S-R autant que les approximations naturalistes partaient d'une réduction injustifiable des relations causales homme-nature *à une seule direction*, celle de l'influence de la nature, des stimuli, du milieu, etc, *sur* l'homme, se montrant incapables d'expliquer le «retour dialectique» de la causalité à travers l'action de l'homme sur la nature, le milieu, les stimuli, etc.

La critique des modèles naturalistes d'explication et de méthode (et parmi eux le schéma S-R) impliquait la formulation d'une nouvelle méthodologie, consistante avec le point de vue socio-culturel pour l'étude des processus supérieurs. Vygotsky qualifiait cette méthode de «génético-expérimentale». Elle se traduisait, par exemple, par l'emploi des procédés de la *méthode fonctionnelle de double stimulation*, utilisée pour l'étude des fonctions supérieures chez les enfants ou dans les recherches transculturelles avec les adultes. Selon Vygotsky, cette méthode comportait trois aspects fondamentaux : 1) elle impliquait l'analyse de *processus* et non de produits terminés; 2) elle se dirigeait vers une explication «génotypique» de la conduite, au lieu de se limiter à une description «phénotypique» de celle-ci, et 3) elle se proposait d'étudier le processus même du changement, de la formation des conduites, au lieu de se contenter de l'investigation de «conduites fossilisées».

1. Le premier de ces traits supposait un point important et, malheureusement, oublié des perspectives dominantes en psychologie cognitive (cramponnées au modèle solipsiste et agénétique de l'intelligence artificielle), à

savoir, que le point de vue développemental est une composante essentielle de l'approche expérimentale en psychologie. Dans de nombreuses recherches du groupe de Moscou, l'idée de base consistait à *induire artificiellement un processus de développement*, à provoquer expérimentalement une espèce de «micro-évolution», qui permettait de reconstruire les phases principales de l'élaboration des fonctions supérieures.

2. Dans l'alternative «explication versus description», Vygotsky, ainsi que nous l'avons déjà dit, faisait partie des chercheurs convaincus de la nécessité de construire une psychologie explicative, capable de dépasser les seules ressemblances et différences «phénotypiques» entre les fonctions, afin d'accéder à un niveau plus profond d'explication génotypique. C'est pour cette raison qu'il n'acceptait pas d'en rester à l'analyse introspective, impuissante par nature d'aller plus loin que la pure description. Il aspirait à découvrir (comme il le fit, par exemple, dans l'analyse du développement du monologue au langage intérieur) les racines génotypiques communes d'expressions phénotypiques différentes, et également (comme dans l'étude de la signification conceptuelle différente des mots chez l'enfant et chez l'adulte) les différences génotypiques entre structures phénotypiquement semblables. Comme Marx, il estimait que si tous les objets étaient génotypiquement et phénotypiquement équivalents, la science serait alors une entreprise superflue (dans ce cas, en effet, l'expérience quotidienne et une description phénoménologique raisonnable de celle-ci serait suffisante pour rendre compte du développement de la connaissance).

3. La troisième caractéristique de la méthode génético-expérimentale était précisément sa nature dynamique : Vygotsky pensait qu'en psychologie, de nombreux processus subissent un changement progressif jusqu'à «se fossiliser». L'analyse phénotypique des produits du développement était, pour cette raison, incapable d'établir la nature authentique de ces processus. Il s'agissait, alors, de reconstruire les processus de genèse, de formation et de transformation des processus *en conditions expérimentales*. C'est-à-dire que l'idée n'était pas de formuler une espèce d'«anamnèse clinique» des fonctions, mais une «anamnèse expérimentale». Ceci impliquait d'essayer de reconstruire, les cycles de formation de la conscience et des fonctions supérieures à partir des hypothèses théoriques de l'Ecole historico-culturelle. L'essence même de la méthode fonctionnelle de la double-stimulation consistait à proposer aux sujets des problèmes qui généralement étaient au-delà de leur capacité de solution immédiate à partir de leur compétence *actuelle* et, en même temps, des moyens, qui pouvaient prendre la valeur de *signes*, capables de réguler et de favoriser la réalisation des tâches proposées. C'est ce à quoi se livrait Léontiev au cours de ses expérimentations lorsqu'il donnait aux

enfants des clés qu'ils pouvaient employer dans les processus de souvenir, de même que Morozova dans ses études sur les tâches à choix complexe ou Zaporozhets lorsqu'il aidait au contrôle moteur au moyen de clés verbales externes. Dans d'autres recherches, ce que l'on étudiait était précisément la capacité des sujets à construire leurs propres instruments de régulation cognitive; en témoignent les études de Luria sur l'usage de dessins comme clés pour le souvenir. Il s'agissait, en définitive, d'étudier les processus de construction des fonctions cognitives au moyen de clés auxiliaires spécifiques. Il s'agissait de ce que Vygotsky qualifiait de la «double stimulation» : d'une part, on présentait des stimuli «target» dont les sujets devaient se rappeler, qu'ils devaient sélectionner, classifier, etc.; d'autre part, un ensemble de stimuli *instrumentaux*, qui permettaient d'*objectiver* et d'*extérioriser* les processus de formation des fonctions, qui consistaient essentiellement à développer des médiations (instrumentales ou symboliques) nécessaires à la construction des fonctions cognitives.

Cette méthode impliquait naturellement une attitude *active* de la part de l'expérimentateur. A la différence de la conception du schéma S-R, dans lequel l'expérimentateur était essentiellement conçu comme un facteur à *neutraliser*, pour le bien de la neutralité aseptique des données relatives à la conduite réactive (par rapport aux seuls stimuli), l'expérimentateur était considéré dans les recherches de l'Ecole de Moscou comme un *sujet en interaction* qui, pour l'être, objectivait les processus d'acquisition et de développement des fonctions supérieures, en reconstruisant leur genèse. L'idée de la genèse interactive et sociale des fonctions supérieures conduisait directement à cette méthodologie. L'expérimentateur, pourrions-nous dire, était conçu comme un représentant de la culture et des groupes sociaux donnant forme au travers de la relation, aux conduites supérieures, procurant ainsi à l'enfant des instruments et des signes lui permettant de réguler et de construire celles-ci.

Cependant, nous pourrions nous demander jusqu'à quel point s'objectivaient, moyennant ces procédés, les processus de développement des fonctions. N'était-ce pas, bien plutôt, un processus d'apprentissage de comment résoudre les tâches *in situ*, qui était en train de se réaliser? Le développement apparent réalisé dans ces conditions n'était-il pas *artificiel?* Jusqu'à quel point, la microgenèse des fonctions ne pouvait-elle pas être considérée comme un artefact de l'*influence* de l'examinateur? La réponse à ces questions exige une compréhension adéquate de la conception vygotskyenne concernant les relations entre apprentissage et développement, de même que le recours à la notion de «zone proximale du développement» dans laquelle Vygotsky synthétise son analyse desdites relations.

Chapitre VII
Les relations entre apprentissage et développement.
La «zone proximale du développement»

La thèse de la genèse sociale et instrumentale des fonctions supérieures impliquait une redéfinition complète du vieux problème psychologique des relations entre apprentissage et développement. Au sujet de l'analyse des idées traditionnelles concernant ces relations, je me permettrai d'employer quelques-uns des concepts que Vygotsky utilisait lorsqu'il se référait à la «crise» de la psychologie, bien que je n'aie pas connaissance qu'il se soit servi de ceux-ci pour aborder ce thème spécifique. Je tenterai aussi de réaliser une «analyse vygotskyenne» du problème, sans pour autant l'avoir trouvée dans les affirmations explicites de Vygotsky lui-même.

Nous avons vu que Vygotsky analysait la crise de la psychologie de son temps selon les termes d'une alternative entre un objectivisme réductionniste et une psychologie descriptive avec des traits idéalistes. Nous pouvons dire que chacune de ces orientations impliquait une conception différente des relations entre apprentissage et développement. La première, en réduisant les fonctions supérieures au schéma réactif des réflexes, comportait l'idée implicite selon laquelle le développement consiste essentiellement en la formation de connexions réflexes ou associatives. Par ailleurs, les réflexes ou associations étant compris comme les modèles paradigmatiques d'apprentissage, le développement — dans cette conception — devait précisément consister en un apprentissage, comportant de ce fait la multiplication des liaisons réactives de type S-R.

La tendance objectiviste à réduire le développement à l'apprentissage était en accord avec la propension à concevoir le comportement en termes essentiellement réactifs et à dévaloriser le rôle actif et transformateur du sujet au cours de l'apprentissage. Cette tendance objectiviste correspondait également à l'idée d'une différence d'ordre *quantitatif* seulement entre les fonctions les plus élémentaires, partagées par l'homme et l'animal, et les fonctions supérieures. Le développement restait limité, dans cette perspective, à une accumulation de réponses possibles et à la construction d'habitudes ou d'associations. Vygotsky attribuait à James (qui n'était pas objectiviste) et à Thorndike cette orientation, mais celle-ci se retrouve surtout chez Watson et quelques autres behavioristes. En résumé, le caractère essentiel de ce point de vue pourrait être le suivant : «Le développement (quel qu'il soit) *est* apprentissage, il y a une identité fondamentale entre eux».

La seconde orientation impliquait une «distance irréductible» entre les fonctions supérieures de l'esprit et les processus réactifs de l'organisme. Dans cette perspective, il était difficile de comprendre que le développement puisse consister en l'incorporation du milieu ou en la complexification de mécanismes réactifs. Ceci avait pour conséquence évidente l'aboutissement à une conception «endogène» et «solipsiste» du développement, celui-ci étant compris comme déploiement de capacités préfigurées dans l'organisme ou dans l'esprit. Si les fonctions supérieures sont — selon cette logique — irréductibles aux processus élémentaires de réaction au milieu, leur formation ne dépend pas, dans ces conditions, de la complication de ces processus et n'est pas essentiellement conditionnée par l'acquisition d'habitudes, d'associations, de réponses, etc. En somme, le développement est un processus «interne» tandis que l'apprentissage est quelque chose d'externe qui n'est pas impliqué activement dans le développement. Le résumé de cette orientation pourrait être le suivant : «Le développement n'est *pas* (selon sa définition appropriée) apprentissage, mais déploiement des possibilités endogènes du sujet; l'apprentissage qui constitue un processus externe d'incorporation du milieu dépend du développement; l'apprentissage n'est pas la condition fondamentale du développement».

Nous avons, bien évidemment, donné de ces perspectives, une vision schématique. Nous pourrions analyser par exemple, la position de Piaget (considérée par Vygotsky comme la plus proche de cette seconde perspective), qui est très complexe et nuancée. Ces ébauches, de nature caricaturale, permettent cependant de mettre en évidence les deux orientations principales qui furent présentes dans l'analyse des relations entre apprentissage et développement, depuis la vieille polémique entre les rationalistes et les empiristes. De plus, elles peuvent servir à souligner deux points importants : 1. Malgré les différences manifestes existant entre l'un et l'autre point de vue, ils partagent tous deux la conception selon laquelle le développement est une élaboration et une substitution de réponses (ou d'idées) innées (qu'elles soient qualifiées de réflexes inconditionnés ou de notions de la pensée). Mais il y a un second point qui est très lié à cette idée : 2. L'une et l'autre orientation partent d'une conception essentiellement solipsiste du sujet. Bien que cette assertion puisse paraître ne s'appliquer, en réalité, qu'aux orientations plus idéalistes du second type, elle s'applique également aux premières, car la réduction du sujet à un complexe de mécanismes réactifs signifie sa dissolution en tant que pôle actif de relation.

Mais, comme le signale Vygostky, il y a une différence importante entre ces deux conceptions de la relation apprentissage-développement, différence qui se réfère aux présupposés concernant la relation temporelle entre apprentissage et développement. Les théoriciens du premier type estiment que l'apprentissage et le développement sont simultanés (ou qu'il s'agit du même phénomène), ceux du second type considèrent que les cycles évolutifs du développement précèdent ceux de l'apprentissage.

Naturellement, il existe de nombreuses positions intermédiaires présentant des nuances diverses. Comme exemple, Vygotsky cite l'orientation de Koffka : le développement se fonderait sur deux processus distincts, liés néanmoins, qui sont la maturation et l'apprentissage. La première prépare et conditionne le second, mais celui-ci stimule et potentialise la maturation elle-même. Cette dernière condition dépend, pour sa part, du fait que l'apprentissage consiste en l'acquisition de structures transférables et non de réponses spécifiques. Cependant, les théoriciens d'orientation plus associationniste tendent à concevoir l'apprentissage (et le développement) en termes d'acquisition de réponses ou d'habiletés spécifiques.

La majeure partie des conceptions traditionnelles de l'apprentissage et du développement repose sur l'idée implicite que tant l'un que l'autre impliquent essentiellement l'accumulation de changements *quantitatifs*. Cette considération est très évidente dans le cas des perspectives objectivistes qui, comme nous l'avons vu, conduisent généralement à l'idée de l'identification du développement à l'apprentissage et la réduction de celui-ci à une formation progressive d'associations de plus en plus nombreuses. Par ailleurs, dans la perspective des fonctions supérieures en tant que déploiement endogène de compétences préfigurées dans l'organisme, le développement ne doit pas se comprendre en termes de changements qualitatifs. Du point de vue de cette orientation, il est difficile de «souder» l'évolution des processus réflexes élémentaires aux formes complexes de comportement, ceci étant directement en rapport avec la difficulté de comprendre, en termes dialectiques, la transformation des modifications quantitatives en changements qualitatifs.

Concernant cet aspect, la perspective de l'Ecole de Moscou était très différente : «Notre conception du développement — disait Vygotsky — implique un rejet de l'opinion généralement admise selon laquelle le développement cognitif résulte de l'accumulation graduelle de changements indépendants. Au contraire, nous croyons que le développement de l'enfant est un processus dialectique complexe, caractérisé par la périodicité, l'irrégularité dans le développement des différentes fonctions, la métamorphose ou la transformation qualitative d'une forme en une autre, l'interrelation de facteurs externes et internes et les processus adaptatifs qui permettent de vaincre les obstacles que rencontre l'enfant. De nombreux chercheurs en psychologie de l'enfant, très préoccupés de la notion de changement évolutif, ignorent encore ces points décisifs, ces transformations révolutionnaires dont, si fréquemment, l'histoire du développement de l'enfant est émaillée» (1931/1978, p. 73). Mais la conception du développement en termes de changements quantitatifs et qualitatifs rendant compatibles les agrégations évolutives avec les «transformations révolutionnaires», avait, à notre avis, des conséquences directes sur l'analyse des relations complexes entre apprentissage et développement. Cette position impliquait que fût admise la possibilité que *l'apprentissage puisse se transformer en développement* — bien qu'apprentissage et développement ne soient pas identiques —. De plus, dans la perspective de Vygotsky, l'apprentissage serait une condition nécessaire au développement *qualitatif* depuis les fonctions réflexes les plus élémentaires jusqu'aux processus supérieurs. Dans le cas des fonctions supérieures, l'apprentissage ne serait pas quelque chose d'externe et de postérieur au développement (comme c'est le cas chez les théoriciens plus idéalistes), ni identique à celui-ci (comme c'est le cas dans les théories plus behavioristes), mais *condition préalable* au processus de développement.

La raison en est évidente : le développement des fonctions supérieures exigerait, ainsi que nous l'avons déjà mentionné, l'appropriation et l'intériorisation d'instruments et de signes dans un contexte d'interaction. Et ceci est apprentissage. Seulement, ainsi que l'indiquait également Vygotsky, «l'apprentissage humain présuppose une nature sociale spécifique et un processus au moyen duquel les enfants accèdent à la vie intellectuelle de ceux qui les entourent» (1934/1978, p. 88). La maturation, à elle seule, ne serait pas capable de produire les fonctions psychiques impliquant l'emploi de signes et de symboles, qui sont à l'origine des *instruments d'interaction*, dont l'appropriation exige, inévitablement, le concours et la présence des autres. En définitive, le processus de «développement» des conduites supérieures consiste précisément en l'incorporation et en l'intériorisation de règles et d'outils de relation avec les autres. Cela n'est possible que parce que l'enfant vit au sein de groupes et de structures sociales et parce qu'il peut apprendre *des* autres, au travers de sa relation avec eux.

Cependant, réduire la relation entre apprentissage et développement à un seul sens qui irait du premier au second serait une simplification. Il est évident que les possibilités que l'enfant incorpore les outils et les signes qui se construisent ou se présentent au cours de ses relations avec les autres, dépendent à leur tour du niveau de développement antérieur. Il serait inutile, par exemple, qu'un professeur en première année d'école primaire prétende que ses élèves puissent s'approprier et intérioriser activement les instruments du calcul infinitésimal. Il ne sert à rien d'insister : l'apprentissage se produit seulement lorsque les outils, les signes, les symboles et les normes du compagnon d'interaction peuvent être incorporés par l'enfant en fonction de son niveau de développement *préalable*. Mais il ne s'agit pas seulement de cela : l'apprentissage dépend aussi du *développement potentiel* du sujet. Ce concept synthétise différents aspects de la conception vygotskyenne de la relation entre apprentissage et développement, raison pour laquelle nous devons l'éclaircir dans ses aspects essentiels.

Pour définir la relation entre développement de l'enfant et apprentissage, il ne suffit pas d'établir le niveau développemental en termes de tâches ou d'activités que l'enfant est capable de réaliser à lui tout seul, mais il est nécessaire de déterminer ce qu'il est capable de faire avec l'aide des autres. L'humanisation se réalise dans des contextes interactifs dans lesquels les personnes qui entourent l'enfant ne sont pas des objets passifs ou de simples juges de son développement, mais des compagnons actifs qui guident, planifient, régulent, terminent, etc., le comportement de l'enfant. Ce sont des *agents* du développement. Vygotsky qualifie de «niveau proximal du développement» l'ensemble des activités que l'enfant est capable de réaliser avec l'aide, la collaboration ou le guidage d'autres personnes. Il différencie le «niveau proximal du développement» du «niveau actuel du développement», lequel correspond à des cycles évolutifs menés à terme et qui se définit opérationnellement par l'ensemble des activités que l'enfant est capable d'effectuer par lui-même sans le guidage et l'aide d'autres personnes.

A partir de ces définitions, il est facile de comprendre le concept vygotskyen de *zone proximale du développement (Zona blizhaishego razvitiya)* : «Ce n'est pas autre chose — dit-il — que la distance entre le niveau actuel du développement, déterminé par la capacité de résoudre indépendamment un problème, et le niveau proximal du développement, déterminé par la capacité de résoudre un problème sous le guidage d'un adulte ou en collaboration avec un autre compagnon plus capable» (*ibid.*, p. 86).

Vygotsky critiquait la tendance psychométrique à ne définir que le niveau actuel du développement, et la propension pédagogique à situer les objectifs didactiques dans ce dit niveau de développement. En mesurant le niveau du développement, en ne tenant compte que des phases évolutives réalisées au préalable, les tests limitent leur propre validité et leurs possibilités de prédiction aux contextes éducatifs. D'autre part, la limitation des objectifs éducatifs à la zone actuelle du développement donne lieu à une éducation conservatrice et peu capable de favoriser le développement : «L'apprentissage orienté vers les niveaux développementaux qui ont déjà été atteints se révèle inefficace du point de vue du développement total de l'enfant — disait-il —. Ce type d'enseignement ne vise pas à atteindre un nouveau stade dans le processus évolutif, mais il est bien plus à la remorque de ce dit processus. Donc, la notion d'une zone proximale du développement nous aide à présenter une nouvelle formule qui est que le «bon apprentissage» est celui seulement qui précède le développement» (*ibid.*, p. 89).

Le concept de «zone proximale du développement» fait la synthèse entre la conception du développement comme appropriation et intériorisation d'instruments fournis par des agents culturels d'interaction. Il définit les fonctions qui ne sont pas encore parvenues à maturation, mais qui sont en train de «mûrir». A la différence du niveau actuel du développement qui ne permet qu'une caractérisation rétrospective du développement, ce concept rend possible une définition *prospective* de ce dernier, et son importance pratique est donc bien plus grande. De plus, la notion de développement proximal est d'une importance majeure pour analyser le rôle de l'imitation et celui du jeu dans le développement de l'enfant. Nous pouvons dire que l'imitation permet la transformation du développement potentiel en développement actuel, tandis que le jeu «crée une zone proximale du développement chez l'enfant» (1933/1983, p. 250), celle-ci se situe normalement au-dessus de son âge et de ses possibilités d'action actuelle et elle incorpore, en tant que potentialités, les instruments, les signes et les normes de conduite de sa culture.

La possibilité de parler d'une «zone proximale du développement» (et pas seulement du développement actuel) dépend d'une caractéristique essentielle de l'apprentissage humain, celle de sa capacité à entraîner des processus évolutifs qui ne sont actifs que dans les situations de relation entre personnes. Ces considérations nous permettent maintenant de donner quelques réponses aux questions que nous nous sommes posées auparavant, lorsque nous parlions de la méthode génético-expérimentale des chercheurs de l'Ecole de Moscou. Nous nous sommes alors demandé si une telle méthode permettait l'objectivation du développement *réel* ou bien mettait davantage en jeu les processus d'apprentissage grâce à l'influence de l'expérimentateur favorisant ainsi l'image d'un développement artificiel. Nous pouvons donner une réponse très rapide à cette question : en un certain sens, le développement des fonctions humaines supérieures est nécessairement *artificiel*. C'est un artifice de la culture et de la relation avec les autres. La méthode génético-expérimentale de Vygotsky situait l'analyse des processus de développement dans la zone proximale du développement, à l'évidence sous l'influence active de l'expérimentateur et par l'apprentissage actif du sujet. L'apprentissage par l'intermédiaire de l'influence des autres, était, pour Vygotsky, le facteur fondamental du développement.

Chapitre VIII
Les conceptions éducatives de Vygotsky et ses apports à la pédologie et à la défectologie

L'intérêt de Vygotsky pour les problèmes d'apprentissage et de développement ne se limitait pas à la spéculation théorique et à la perspective psychologique, mais il se traduisait par un effort soutenu pour mieux comprendre les processus éducatifs réels, tant chez les enfants normaux que chez ceux ayant des besoins spéciaux. De plus, l'immense majorité de ses travaux furent consacrés à des thèmes de pédologie et de défectologie, bien plus qu'à des questions psychologiques au sens strict. L'expression la plus claire du génie et de la capacité de Vygotsky se traduit dans le fait qu'en construisant le délicat et gigantesque édifice théorique décrit dans les pages antérieures, il se consacrait tout à la fois, et ceci de manière approfondie, à d'autres domaines qui bien qu'étant en rapport avec ce corpus théorique, n'en étaient pas moins distincts. En 1930, il avait publié un livre de psychologie générale (les *Etudes de psychologie du comportement*) et sept autres ouvrages consacrés à des problèmes plus en rapport avec l'éducation normale et spéciale. Il avait également publié de nombreux articles sur l'éducation des enfants aveugles, déficients, sourds-muets[1], etc., et ceci principalement dans les revues *Pédologie et Problèmes de Défectologie*, dont il était un membre très actif du conseil

---

[1] Note des traductrices : par fidélité au texte original ainsi qu'à la période concernée, nous avons repris le terme de «sourds-muets». De nos jours, ce terme devrait être remplacé par celui de «sourds».

de rédaction. D'autre part, ses livres et ses articles de pédologie et de défectologie ont un caractère plus «achevé» et structuré que ceux de psychologie (Mecacci, 1983). En résumé, si nous analysons la production de Vygotsky entre 1924 et l'année où il mourut, nous nous rendons compte qu'il consacra la plus grande partie de ses efforts, de ses articles et de ses ouvrages à des problèmes proches de l'éducation réelle, qu'une grande quantité de communications et de conférences qu'il fit concernait des thèmes de pédologie et de défectologie, etc. De plus, du point de vue professionnel, Vygotsky occupa des postes plus importants dans ces domaines que dans celui de la psychologie : en effet, il n'occupa jamais de poste à la direction de l'Institut de Psychologie de Moscou; à l'université, il était professeur de pédologie (et non de psychologie) et, en 1925, il fonda un laboratoire de psychologie pour les enfants déficients, lequel allait devenir par la suite l'Institut expérimental de défectologie, et dont il prit en charge la direction scientifique entre 1931 et 1934. Depuis lors, cet Institut a coordonné, en Union Soviétique, la recherche, l'enseignement et la programmation éducative des enfants qui avaient des besoins spéciaux, de même que leur incorporation à des «centres spéciaux» ou à des «classes spéciales». Vygotsky eut également une activité *clinique* (et pas seulement théorique et institutionnelle) dans ce domaine. Dans les observations et les protocoles des enfants présentant différents types de problèmes et de déficiences, il adoptait un point de vue qualitatif, qui lui permettait de saisir l'organisation spécifique des fonctions et du comportement au lieu de n'en faire qu'une description qui soit basée sur des traits unidimensionnels de caractère quantitatif. Les protocoles des consultations de Vygotsky furent malheureusement perdus lors de la seconde guerre mondiale ou disparurent à la mort de L. Gishelina, sa collaboratrice, qui les conservait. Cependant, ses collaborateurs poursuivirent, dans le même esprit, son travail clinique. Par la suite, des collaborateurs, comme Morozova et Levina (Luria, 1979), se consacrèrent aux problèmes des enfants présentant diverses déficiences.

Nous ne pouvons pas nous étendre ici sur les conceptions de Vygotsky concernant les altérations et les déficiences de développement que présentaient ces enfants, pas plus que sur les alternatives éducatives qu'il proposait (ce thème, suffisamment complexe, nécessiterait d'ailleurs l'écriture d'un autre ouvrage). Dans ce domaine, nous nous limiterons donc à ébaucher les lignes les plus générales de sa pensée. Vygotsky ne concevait pas les déficiences en termes d'une *diminution quantitative* de certaines fonctions mais plutôt en termes d'une *organisation qualitativement différente* de celles-ci et ceci, en accord avec sa propre théorie. Un enfant déficient n'est pas un enfant normal en plus petit ou, simplement moins apte à exercer certaines habiletés, mais il possède une structure fonctionnelle spécifique qui doit être analysée et objectivée par le psychologue. Même lorsque la genèse de la déficience relève d'une *diminution* des ressources associatives qui constituent la base «matérielle» des fonctions supérieures, ces fonctions ainsi que celles qui leur sont subordonnées, se constitueraient en formations psychologiques impliquant une organisation déterminée avec des traits qualitatifs propres. Ceci signifie aussi que les enfants présentant des altérations et des déficiences de développement nécessitent une *éducation spéciale* du fait que leur fonctionnement psychologique l'est aussi et qu'il n'est pas simplement un fonctionnement «moindre». Plutôt que d'incorporer sans autre au système éducatif ordinaire les enfants présentant des déficiences, Vygotsky estimait qu'il convenait de procurer à ces enfants une éducation basée sur l'organisation spéciale de leurs fonctions et de leurs caractéristiques les plus positives, au lieu d'une éducation qui se fonderait sur leurs aspects les plus déficitaires. Il s'agissait donc de leur fournir une éducation avec des objectifs fondamentalement *compensateurs*. A partir de ces notions fondamentales sur le développement, Vygotsky se donnait les moyens d'ouvrir des perspectives d'avenir concernant les possibilités de compensation pouvant apparaître chez des enfants présentant différentes altérations. Ainsi que nous l'avons déjà dit, le développement ne se concevait pas comme une *voie unique* et unidirectionnelle ni comme une simple évolution quantitative, mais comme un cheminement dialectique, complexe et irrégulier, comportant des variations quantitatives et des métamorphoses qualitatives. Ce développement impliquait le *remplacement* systématique de certaines fonctions par d'autres et l'incorporation de médiateurs externes, dans le but de les intérioriser.

A partir de cette vision du développement, l'éducation spéciale pouvait se comprendre comme une éducation systématique destinée à fournir à l'enfant des *médiateurs* (signes, symboles, outils) capables de favoriser son développement, en fonction de sa structure psychologique spécifique. Cependant Vygotsky reconnaissait qu'il y avait des cas dans lesquels les fonctions de médiation et la capacité d'employer des instruments auxiliaires étaient très détériorés. Il se référait spécifiquement aux travaux de Eliasberg quant au diagnostic différentiel concernant la capacité d'utiliser des outils et d'employer des signes : «Evidemment — disait-il — la capacité d'employer des signes en qualité d'instruments auxiliaires du comportement ne se détériore qu'avec le développement de la démence» (1931/1974, p. 204). Il est évident qu'il faisait ici référence, avant tout, à ce que l'on qualifierait aujourd'hui d'autisme, de psychoses infantiles et de déficience avec isolement grave, cas dans lesquels on constate effectivement une corrélation entre l'incompétence sociale et l'isolement, les rituels et les déficiences dans la conduite exploratoire et instrumentale ainsi que les altérations et les détériorations dans les compétences de symbolisation et de langage (Wing, 1981). Cette corrélation est une donnée importante en faveur de la conception générale du développement qu'avait Vygotsky (Rivière, 1983). Selon cette idée évolutive, il paraît également évident que les possibilités de compensation et de construction des fonctions supérieures, chez des sujets présentant des déficiences sévères du comportement social et/ou instrumental, se verraient très diminuées ou empêchées.

Mais chez les enfants où l'on ne constate pas ce genre de perturbation (autrement dit chez lesquels le déficit est plus explicable en termes d'une déficience associative ou plus exclusivement intellectuelle, et non en tant qu'«impossibilité d'acquérir des médiateurs»), l'éducation spéciale pourrait jouer le rôle décisif de procurer (si je puis me permettre cette expression) des «prothèses instrumentales», c'est-à-dire des médiateurs capables d'inciter à ce qu'une «organisation de remplacement» se constitue au niveau des fonctions supérieures. Les médiateurs qui vont avoir une importance fondamentale sont ceux qui permettent une régulation de la conduite propre ou des fonctions mentales elles-mêmes. Ainsi que nous le dirions aujourd'hui, Vygotsky proposait comme objectif de base, pour l'éducation spéciale, de procurer à l'enfant des *ressources métacognitives*. En ce sens, quelques-unes de ses observations sont d'une surprenante actualité; il disait ainsi : «Nous ne devrions pas tant étudier la mémoire dont dispose l'enfant présentant un retard mental que le degré d'utilisation possible de celle-ci. L'insuffisance de développement de l'enfant présentant un retard mental consiste avant tout dans le fait que le développement des formes supérieures de comportement, est insuffisant, dans son incapacité à contrôler ses propres processus de comportement, ainsi que dans son incapacité à s'en servir» (*ibidem*). Nous pouvons rappeler, par exemple, que Belmont & Butterfield (1969, 1971) ainsi qu'Ellis (1970) ont mis en évidence, bien plus tard, les déficiences présentées par les enfants ayant un retard mental concernant le contrôle métacognitif et l'emploi spontané de stratégies de répétition et de recyclage («rehearsal») dans la mémoire à court terme. Les données de Brown, Campione, Bray et Wilcox (1973) démontraient également que ces enfants pouvaient «normaliser» la réalisation de certaines tâches cognitives si on leur procurait les stratégies dont il vient d'être question. Ces observations, comme les procédures d'«enrichissement instrumental» de Fevertin, sont en accord avec les propositions de recherche en éducation spéciale définies par Vygotsky au cours des années trente.

Ces propositions étaient faites dans le contexte d'une «science générale de la déficience» ou *défectologie*, qui était un système qui réunissait en un tout, les aspects neurobiologiques, psychologiques, sociaux et éducatifs de l'analyse des différentes déficiences. Cette conception globalisatrice et unitaire était très proche des lignes directrices de la pensée de Vygotsky. Celui-ci envisageait le développement comme une transformation qualitative, par la culture, des mécanismes neurobiologiques d'adaptation; la déficience était abordée dans une perspective qualitative de l'organisation spécifique des fonctions psychiques. Ceci signifie que l'idée d'une défectologie comme synthèse des connaissances sur les déficiences était facile à incorporer au système même de Vygotsky, système également synthétique et globalisateur. Mais de plus, cela correspondait au projet de construire une science générale de l'enfant et de son développement, science connue sous le nom de «pédologie».

L'histoire de la pédologie soviétique et le rôle que Vygotsky y joua est, encore aujourd'hui, difficile à établir avec objectivité. A son origine, la pédologie était une expression du grand intérêt manifesté à l'égard des problèmes de l'enfant et de l'éducation dans les années qui suivirent la révolution. En même temps, elle incorpora *de facto* de nombreuses influences occidentales et entre autres la pratique psychométrique. L'un de ses principaux fondateurs, le psychologue Pavel P. Blonsky (qui fut le premier à s'opposer à l'idéalisme de son maître Chelpanov dans l'*Essai de psychologie scientifique*, datant de 1920), considérait que la pédologie ne devait pas consister en une simple application à l'enfant de lois psychologiques abstraites ou en une pédagogie expérimentale artificielle. Celle-ci devait être, au contraire, une *science unitaire du développement de l'enfant* et devait pouvoir collaborer avec des disciplines spécifiques (telles que la psychologie, la sociologie, la biologie, etc), tout en ne se réduisant pas à elles, et constituer un savoir *synthétique* et non pas «éclectique», c'est-à-dire capable d'établir les lois propres du développement et de constituer une structure théorique propre, irréductible à celle des autres savoirs plus particuliers. Vygotsky était proche de Blonsky et pas seulement en cet aspect de ses conceptions. Il était convaincu, comme Blonsky du fait que «le comportement ne peut se comprendre que comme histoire du comportement» (Blonsky cité par Vygotsky, 1985a, p. 44), ainsi que de la nécessité de comprendre le développement en termes dialectiques et du rôle de l'activité productive dans la genèse dialectique des formes supérieures de comportement. Il partageait également l'idée que la pédologie ne devait pas être une science éclectique, qui mélange les observations anatomo-physiologiques, génétiques, psychologiques, etc., mais une science avec une substance propre de caractère unitaire traitant le problème du développement de manière globale. Les concepts fondamentaux d'une telle science devaient avoir un caractère synthétique mais devaient aussi pouvoir se référer aux différents plans spécifiques. Ainsi, la notion de «zone proximale du développement» pouvait renvoyer à la neurophysiologie (la grande plasticité des fonctions neurophysiologiques supérieures s'y trouveraient ainsi clarifiées), à la pédagogie (permettant une élaboration prospective des programmes), à la psychologie, comme nous l'avons déjà vu, etc. Les concepts en rapport avec les phases du développement et leur chronologie pouvaient également jouer ce rôle de transition et de synthèse à partir des disciplines spécifiques.

Cependant, la pratique *réelle* des pédologues ne correspondait pas aux propositions théoriques de Vygotsky et de Blonsky. Il semble malheureusement certain que les pédologues se soient convertis en «testologues» dont les vues demeuraient très éloignées des conditions éducatives concrètes, et qu'ils envoyaient un grand nombre d'enfants dans des centres spécialisés, sans connaître à fond la situation individuelle des sujets qu'ils soumettaient à leurs tests et sans avoir de contact continu et proche avec le système scolaire. Peu à peu, la pédologie devint une espèce de «superstructure» nuisible à l'école. Des personnes qui avaient fait seulement deux ans de préparation à la suite de leurs études secondaires (c'était la seule exigence pour l'obtention du titre de pédologue) et qui n'étaient pas *dans* les écoles mais en dehors, faisaient passer des tests et proposaient des questionnaires aux enfants, et en fonction de leurs seuls résultats (sans aucune autre connaissance des enfants et de leur situation), pouvaient les envoyer dans des centres spéciaux ou décider de leur destin scolaire ultérieur. Ces pédologues contrôlaient l'admission des élèves dans les classes sur la base de leurs résultats aux tests et, il arrivait fréquemment qu'ils ne tinssent aucun compte de l'opinion des éducateurs et des personnes qui étaient en contact constant avec les enfants. Les pédologues (qui dépendaient du Commissariat à l'éducation) décidaient de la profession future et des études professionnelles des élèves des centres scolaires. En 1931, un premier décret concernant les écoles primaires et secondaires fut publié; il critiquait la pratique des pédologues et tentait de limiter les abus évidents qui étaient en train de se produire. Une lecture superficielle des faits permettait d'affirmer que ce décret était parfaitement justifiable. Les psychologues eux-mêmes et l'opinion publique en général s'opposaient à la pratique réelle des pédologues. Vygotsky critiquait également l'emploi indifférencié des tests et leur tendance à réduire les individus à des paramètres fixes, «cristallisés», homogénéisateurs. Il insistait sur la nécessité de mettre en évidence, non seulement le développement «achevé» des sujets, mais plutôt leurs possibilités de développement (autrement dit la «zone proximale du développement») et de construire des instruments qui leur fussent adaptés. De plus, il affirmait l'exigence d'une définition qualitative de l'organisation fonctionnelle des sujets. Ses œuvres de pédologie (*Pédologie de l'âge scolaire*, de 1928; *Pédologie de l'adolescence*, de 1929, et l'ouvrage posthume *Fondements de pédologie*, publié en 1935) présentaient une image d'un savoir systématique et synthétique du développement, très éloigné des aspects les plus déplorables de la pratique pédologique.

Cependant, le décret de 1931 et les premières critiques qui déjà étaient formulées à l'encontre de Vygotsky et des membres de l'Ecole de Moscou au cours de cette année, demandent une lecture plus approfondie. Dans les dernières années de sa vie, Vygotsky fut soumis à un examen critique attentif. Bien que celui-ci concernât les aspects spécifiques de sa psychologie et le lien douteux que Vygotsky aurait été soupçonné d'entretenir avec les pédologues à travers les pratiques criticables de ceux-ci (qu'il avait été le premier à rejeter), cet examen dissimulait une critique de sa conception globale de l'homme et de l'éducation. Les formes de l'idéologie et de l'organisation sociale qui commençaient à se profiler en Union Soviétique, à partir de 1929, étaient difficilement compatibles avec les positions de Vygotsky. En peu de temps (entre 1931 et 1936), ce qui commença par n'être qu'une critique justifiable des pratiques fréquentes des pédologues, finit par prendre la forme d'une intervention décisive sur la psychologie elle-même et sur ses différentes orientations, d'un dirigisme qui mit fin à quelques-unes des promesses les plus intéressantes de la psychologie soviétique d'alors. Dans cette situation de dirigisme, Vygotsky n'était pas un homme «commode». C'était un marxiste convaincu et profond, mais ceci pouvait être, selon certains points de vue, un de ses aspects les plus «dangereux». Il refusa toujours la «méthode des citations», utilisée par de nombreux psychologues soviétiques pour justifier leur orthodoxie : ceux-ci, à la suite de deux ou trois citations de Marx, Engels, Lénine ou Staline, commençaient à développer leur thème, lequel n'avait généralement rien à voir avec les citations elles-mêmes. C'était en réalité une manifestation de la tendance qui commençait à transformer la science en scolastique, la pensée vivante en une expression timorée et soumise, la dialectique en structure pétrifiée. Durant les dernières années de sa vie (et plus particulièrement au cours des deux années qui précédèrent sa mort), la situation de Vygotsky — ainsi que celle d'autres psychologues dialecticiens — fut délicate. Il mourut avant de voir la progression incontrôlable des nouveaux pouvoirs, qui devait conduire à la destruction de nombre de ses espoirs : il put cependant déceler, à la fin de sa courte vie, que des temps difficiles s'annonçaient pour la psychologie. Afin de comprendre cette situation, il est nécessaire que nous décrivions sommairement les conditions sociopolitiques de l'Union Soviétique, au cours de ces années-là, lesquelles coïncidèrent avec les premières critiques du système de Vygotsky (critiques qui furent chaque fois plus sévères, jusqu'à atteindre leur point culminant alors qu'il était «fort heureusement» déjà décédé).

Chapitre IX
L'Union Soviétique au début des années trente et quelques-unes des critiques faites à Vygotsky

La période immédiatement postérieure à la révolution soviétique (1917-1929) avait, pour l'essentiel, signifié l'ouverture d'un large et riche débat à l'intérieur des différentes sciences (et bien entendu au sein de la psychologie) ainsi que la construction de systèmes variés — dont celui de Vygotsky —, dans un climat de passion intellectuelle et de création. Au contraire, la période qui suit 1929 impliqua une accentuation et un durcissement des débats, mais vit également le commencement d'un assujettissement des forces intellectuelles aux intérêts du pouvoir politique et les premiers symptômes d'un dirigisme au sein de la science, lequel allait finir par dessécher et appauvrir les nombreuses possibilités générées par la révolution elle-même. Nous pouvons donc considérer que la période qui s'étend entre 1929 et 1936, présente, dans la vie intellectuelle de l'Union Soviétique, un caractère de transition entre les années vingt postrévolutionnaires qui furent des années créatives et pluriformes et les années d'après 36, aux positions uniformes et statiques.

Un changement décisif dans l'histoire soviétique, du point de vue sociopolitique, intervint au début des années trente. Les affrontements antérieurs entre l'appareil stalinien et les groupes qui s'opposaient à lui, provenant de droite comme de gauche, s'étaient résolus de manière décisive en faveur de Staline. Furent éliminés les éléments et les facteurs capitalistes, que la nouvelle politique économique des dernières années de Lénine avait favorisés. L'opposition trotskyste avait été vaincue et

Trotsky lui-même avait été expulsé d'Union Soviétique. La faction de Bukharin, au sein de l'aile droite, avait perdu toute influence. Les propositions politiques de Staline pour le «socialisme dans un seul pays» supposaient un changement de direction de grande ampleur (impliquant des «innovations» idéologiques substantielles) au niveau de la politique soviétique. Celles-ci durent être assumées par les groupes sociaux et intellectuels. Tout cela impliquait la collectivisation des systèmes de production, de distribution et d'échange mutuel mais également (et ceci est très significatif pour comprendre quelques-unes des critiques qui furent adressées à Vygotsky) l'extension d'une idéologie nationaliste aux composantes xénophobes flagrantes dont la suspicion envers les influences externes, y compris les intellectuels, était manifeste. Durant la période qui s'étendit de 1929 à 1931, période définie par l'affrontement intellectuel entre les tenants des positions idéalistes et les partisans du mécanisme matérialiste, ainsi que par l'influence de la publication des *Cahiers philosophiques* de Lénine (qui, comme nous le savons, eurent de fortes répercussions sur l'œuvre de Vygotsky), nous retrouvons encore beaucoup les effets de la riche poussée créatrice caractéristique des années antérieures et de la libre circulation des idées (malgré les nombreux affrontements); cependant, dans les années qui suivirent, la «critique» eut une signification plus négative, et des implications plus dangereuses et moins purement «intellectuelles» commençaient à poindre.

Nombre d'aspects de la société russe d'alors peuvent être expliqués par le terrible effort mené pour industrialiser la campagne, collectiviser la production et arriver à gérer, d'un point de vue économique, la difficile situation dans laquelle se trouvait l'Union Soviétique postrévolutionnaire. Le premier plan quinquennal exigeait le concours matériel de toutes les forces sociales. Cet effort impliquait aussi une certaine clarté intellectuelle et d'intentions ainsi qu'une unité autour de projets sociaux clairement définis. La direction sociopolitique de l'Union Soviétique, au temps du premier plan quinquennal, exigeait (dans l'esprit de l'appareil idéologique et administratif) l'engagement et le sacrifice de larges secteurs sociaux dont les intellectuels, lesquels furent obligés de se soumettre à la demande de clarté et d'unité idéologique et furent conduits, plus ou moins directement, vers la nécessité de se méfier des influences intellectuelles externes et d'adapter leurs idées à un projet social commun, établi sur la base de l'interprétation du marxisme par l'appareil stalinien. Tout ceci fut l'objet d'un long processus dont les aspects les plus négatifs (pour la liberté intellectuelle) apparurent après la mort de Vygotsky, aux environs de 1936. Mais durant les années 1932 à 1934, les «critiques» et les «autocritiques» ainsi que les accusations, relevant davantage d'une simplification scolastisque du marxisme que de conceptions dialectiques profondes, commencèrent à se faire plus fréquentes.

Par ailleurs, l'ouverture du débat social sur la pédologie eut pour conséquence que le pouvoir idéologique s'intéressa à analyser et à définir le développement de la psychologie elle-même. En 1931, la cellule de l'Institut de Psychologie de Moscou approuva une résolution dans laquelle était critiquée la conception réactologique de son directeur, Kornilov, et où était proposée une réorganisation de l'Institut. Le départ de Kornilov ouvrit une brève période durant laquelle les membres de l'Ecole historico-culturelle apparurent comme les héritiers de la suprématie institutionnelle que la réactologie détenait auparavant. Mais ceci était pure illusion : le nouveau directeur de l'Institut fut Kolbanovsky. La résolution (publiée dans la revue *Psychologie*, en 1931) et le projet de réorganisation, publié en 1932, critiquaient non seulement la réactologie mais aussi la théorie de l'Ecole historico-culturelle, accusée d'être «abstraite» et «idéaliste» (!). Il était évident que l'homme qui avait le plus contribué à la construction d'une psychologie matérialiste et dialectique dérangeait le pouvoir de cette époque. Ce qui était connaissance approfondie de la psychologie de son temps fut interprété, dans certains secteurs, comme «éclectisme» et «influence occidentale». De toute manière, ces premières critiques n'étaient pas autre chose qu'une expression de ce qui commençait à être monnaie courante dans la psychologie soviétique et ces critiques ne faisaient qu'exprimer l'affrontement existant entre les différentes tendances en psychologie. Quelques années plus tard, le dirigisme allait avoir des effets beaucoup plus dévastateurs.

Une réponse des membres de l'Ecole historico-culturelle à la montée des pressions idéologiques fut la tentative de fonder un département de psychologie, reprenant, pour l'essentiel, les lignes du travail qu'ils étaient en train d'effectuer. Comme il n'existait pas à Moscou d'institution qui acceptât leur proposition de travail en groupe, ils contactèrent l'Institut de Psychoneurologie de l'Université de Kharkov afin de former un département de psychologie. Vygotsky, Luria, Léontiev, Zaporozhets et Bozhovich s'y rendirent. Cependant, seuls les trois derniers restèrent à Kharkov, où ils maintinrent ultérieurement un département de psychologie s'inscrivant dans le prolongement des idées de Vygotsky (surtout, à partir de l'interprétation et des innovations de Léontiev). Luria revint très rapidement à Moscou et Vygotsky partagea, jusqu'à sa mort en 1934, ses activités entre Kharkov, Moscou et l'Institut pédagogique Hertzen de Léningrad.

Il eut encore le temps de prendre quelques cours à la Faculté de médecine. Dans les dernières années de sa vie, Vygotsky devait de plus en plus s'intéresser aux problèmes de neurologie et de neuropathologie, surtout à ceux relevant du thème classique de la localisation des fonctions dans le système nerveux. Il avait la juste intuition que sa théorie sur la nature et la genèse des fonctions supérieures comportait des implications utiles pour l'analyse, sous un angle nouveau, du problème de l'organisation des fonctions au sein du système nerveux. Ce fut une des raisons qui le portèrent dans les dernières années de sa vie à commencer (de même que Luria) des études de médecine et de neurologie. Pour expliquer les conceptions de l'organisation fonctionnelle du système nerveux qui commençaient à se profiler dans la pensée de Vygotsky à la fin de sa vie, il nous est nécessaire avant tout de nous référer à son idée générale du développement, à laquelle il consacra une attention toute spéciale dans la dernière partie de sa vie.

# Chapitre X
Le développement en tant que processus historique : les apports de Vygotsky à une théorie générale du développement

L'explication la plus complète et la plus détaillée de la *conception historique* du développement de Vygotsky se trouve dans *L'histoire du développement des fonctions psychiques supérieures*, texte écrit durant les années 1930-1931 et qui n'a été édité qu'en 1960. Vygotsky estimait qu'une perspective fondamentalement a-historique pesait sur les thèses classiques du développement : celle-ci se manifestait par la tendance à réduire les problèmes du développement des fonctions psychiques soit aux «lois éternelles de la nature», soit aux «lois éternelles de l'esprit», ou à considérer le développement comme «physiologie ou mathématique de l'esprit, et non pas l'histoire du comportement humain compris comme un aspect de l'histoire générale de toute l'humanité» (1931/1985b, p. 34). Ce caractère a-historique s'exprimait aussi dans de nombreuses conceptions *structurales* du développement : «Ainsi, à nouveau, ‹tous les chats sont gris› à la lumière ou mieux, dans l'obscurité de la structure : avec la seule différence qu'une loi éternelle de la nature, la loi de l'association, est remplacée par une autre loi de la nature, tout aussi éternelle, celle de la structure» (*ibid.*, p. 35). Dans ce cas, il y a une tendance à séparer le développement culturel du développement historique, à considérer que le développement culturel de l'enfant (qui pour Vygotsky était équivalent à celui des fonctions supérieures) est régulé par une sorte de «force intérieure» ou de «logique immanente». Vygotsky se référait évidemment aux investigations de Piaget lorsqu'il critiquait la considération de phénomènes tels que l'animisme, l'égocentrisme enfantin, l'artificialisme comme «formes psychologiques congénitales» (*ibid.*, p. 36) abstraites des contextes sociaux et culturels qui forment les fonctions supérieures.

Pour Vygotsky, le développement humain ne pouvait se comprendre que comme la synthèse engendrée par la confluence de deux ordres génétiques *différents* : la maturation organique et l'histoire culturelle. D'une part, il y aurait l'évolution biologique de l'espèce (qui s'exprime et se reflète dans le processus ontogénétique de la maturation) dont l'aboutissement est l'«homo sapiens». D'autre part, il y aurait le processus de développement historique, d'évolution culturelle depuis l'homme primitif, qui a aussi une incidence directe sur le développement psychologique de l'enfant à travers sa relation avec les personnes qui l'entourent. «Toute la particularité — disait Vygotsky — et la difficulté du problème du développement des fonctions psychiques supérieures réside dans le fait que les deux aspects sont fondus en un seul lors de l'ontogenèse et constituent alors réellement un processus unitaire, bien que complexe» (*ibid.*, p. 38).

Mais, à la différence de ce qui arrive dans l'ontogenèse, au cours de laquelle se réalise une synthèse particulière de la maturation et du développement historico-culturel du sujet, il n'y a pas, dans la phylogenèse, de fusion entre l'une et l'autre ligne du développement. Ainsi, Vygotsky estimait que l'analyse de la phylogenèse était d'un grand secours pour aider à «dénouer le nœud enchevêtré qui se constitue — entre maturation et développement culturel — dans la psychologie infantile» (*ibidem*). L'analyse phylogénétique ne devrait cependant pas faire oublier que l'ontogenèse n'est pas le reflet de la phylogenèse, car dans la première, apparaît précisément l'entrelacement et la synthèse de lignes évolutives qui ne se mélangent pas phylogénétiquement. L'investigation de la phylogenèse était donc considérée par Vygotsky comme un outil pour l'étude du développement de l'enfant, sans cependant en constituer le miroir.

En séparant les deux processus de développement qui surviennent au cours de la genèse de l'homme en tant que membre d'une collectivité (c'est-à-dire, en tant qu'espèce animale ou membre d'un groupe social et d'une culture), une différence fondamentale apparaît entre ces deux processus; tandis que le développement culturel n'implique *pas* de transformations dans la structure biologique de l'espèce, les mutations biologiques sont le fondement du développement. Ce qui définit le développement des formes supérieures de culture et de comportement, c'est le fait que se créent et se perfectionnent des «organes artificiels», c'est-à-dire des instruments qui potentialisent et amplifient les possibilités de connaissance et de contrôle de la nature. Ceux-ci proviennent du patrimoine biologique de notre espèce.

Cependant l'énoncé selon lequel les transformations historiques de la culture humaine n'impliquent *pas* de changements au niveau de la structure biologique, pose quelques problèmes difficiles à la psychologie : comment le développement *ontogénétique* des fonctions supérieures serait-il possible sans un changement ou un développement équivalent du système nerveux ou du cerveau ? Quel facteur joue un rôle équivalent à celui du «développement organique», dans la genèse de ces fonctions ?

Pour répondre à ces questions, il convient tout d'abord d'éclaircir en quoi consiste la fonction essentielle des hémisphères cérébraux et des formations plus complexes et «récentes» du système nerveux. Vygotsky était d'accord avec Pavlov sur le fait que cette fonction était celle de *signalisation*. Le système nerveux de l'homme et des animaux phylogénétiquement les plus proches de lui, est fondamentalement un *système de formation de signaux*. Les signaux multiples, variables, changeants, qui se construisent grâce aux mécanismes de formation des réflexes conditionnés, permettant que des stimuli «neutres» à l'origine prennent la valeur de «signaux» de certains stimuli qui ont de l'importance pour l'adaptation de l'organisme, amplifient énormément les possibilités d'adaptation humaines. Tout comme Pavlov, Vygotsky parlait de l'«activité signalisatrice des grands hémisphères».

La fonction signalisatrice des hémisphères est certainement une condition *nécessaire* pour le développement des formes plus complexes et plus spécifiquement humaines de comportement, mais elle n'est pas *suffisante*. Bien que la formation de réflexes conditionnés amplifie les possibilités adaptatives, l'adaptation qu'elle permet est essentiellement *accommodatrice* (pour employer un terme piagétien), c'est-à-dire qu'elle se base sur un «reflet» des liens naturels entre des stimuli du milieu. Nous pouvons dire que le mécanisme des réflexes conditionnés permet au système nerveux de «profiter» des associations et des liens entre des événements existant dans la nature tout en se passant de leur intervention. La formation de réflexes conditionnés n'implique pas la transformation de la nature mais une accommodation plus précise (et anticipatrice) aux modifications de celle-ci. Cependant, le comportement de l'homme se caractérise par la modification active de la nature et par sa transformation. La réponse adaptative aux «signaux» (stimuli conditionnés) construite par les hémisphères cérébraux implique bien plus une adaptation *passive* au milieu.

C'est pour cette raison que Vygotsky insistait sur le fait que, s'agissant de l'homme, une fonction *nouvelle* se construit permettant d'aller au-delà de la fonction signalisatrice des hémisphères et ne pouvant pas se réduire à celle-ci : il s'agit de la *fonction de signification*. Cette nouvelle fonction ne dépend plus des liens *préalables* qui apparaissent dans la nature, mais elle implique l'instauration active de nouveaux liens, de «stimuli artificiels». «L'homme — dit Vygotsky — introduit des stimuli artificiels, donne une signification au comportement et instaure, à l'aide des signes (...) de *nouveaux liens dans le cerveau*» (1931/1974, p. 126). L'introduction des signes implique une modification essentielle dans le monde humain, mais aussi dans la «structure interne» du sujet humain. Vygotsky parlait d'un *principe de signification* comme essentiel pour expliquer la nature des formes supérieures de comportement chez l'homme. Ce principe consiste en ce que l'homme institue, de l'extérieur, des liens cérébraux et à travers eux dirige le cerveau lui-même et, finalement, le corps lui-même.

Le principe que nous venons d'énoncer permet de poser notre question sur un plan nouveau : Comment est-il possible d'établir, *de l'extérieur*, des liens cérébraux et de réguler le corps et le comportement à travers la régulation du cerveau lui-même ?

Vygotsky estimait que cette possibilité dépendait de la confluence de deux facteurs :

1. La possibilité de construire des liens nouveaux, non préfigurés, entre les stimuli du milieu, par le mécanisme de formation des réflexes conditionnés.
2. L'influence du caractère *social* de notre espèce et des formes d'interaction.

Les *signes* sont, en réalité, des liens nouveaux qui se construisent et se créent au cours de l'interaction. «Dans le processus de la vie sociale — disait Vygotsky — l'homme a construit et développé des systèmes très complexes de liens psychologiques, sans lesquels l'activité productive et la vie sociale sous toutes leurs formes, n'auraient pas été possibles» (*ibid.*, p. 127). L'idée implicite ici est que les signes sont le résultat d'une convention sociale. Nous pourrions dire (allant un peu plus loin que les affirmations explicites de Vygotsky) que cette convention, c'est-à-dire le processus dans lequel *se négocient les significations* entre les membres de notre espèce s'est non seulement construit au cours de l'histoire du développement collectif de l'humanité, mais qu'il se *produit quotidiennement dans le développement de chaque enfant humain*.

Une conséquence des considérations antérieures est que la régulation individuelle du comportement trouve son origine dans la régulation sociale. La vie sociale de l'homme rend nécessaire (selon Vygotsky) une certaine subordination de la conduite de l'individu aux exigences du groupe. Comme conséquence, il est nécessaire que se constituent également des systèmes complexes de signaux d'origine communicative, qui à leur tour réguleront et dirigeront la formation de liens conditionnés dans le cerveau du sujet individuel. C'est-à-dire que les formes complexes d'adaptation, celles provenant des exigences de la vie en groupe, de la coopération et de la transformation productive de la nature parmi les membres de notre espèce, *se répercutent* au niveau de la transformation des mécanismes régulateurs du comportement situés à un niveau inférieur et plus individuel. Si nous pouvons nous permettre cette métaphore, nous dirions que tandis que c'est la nature qui rend possible le développement animal et son évolution, il en va de même en ce qui concerne l'homme à la différence que celui-ci est par ailleurs le *produit* d'autres hommes socialement organisés. De ce fait, il lui est possible d'atteindre une capacité de régulation de son propre comportement (et de contrôle métacognitif de ses processus mentaux) très supérieure à celle de n'importe quel animal : «Si, comme le fait Pavlov, nous comparons, le cortex des grands hémisphères à un énorme tableau de signaux, nous pourrions dire que l'homme a créé, par lui-même, les *clés* de ce tableau» (*ibid.*, p. 128). Ceci en particulier grâce à la construction sociale du langage, qui permet de réguler de l'extérieur l'activité du cortex des grands hémisphères cérébraux.

Si l'on poursuit la comparaison antérieure, Vygotsky signale que l'ontogenèse et la phylogenèse du développement psychologique de l'homme ne se définissent pas seulement par le perfectionnement évolutif de ce «tableau de signaux» (c'est-à-dire les grands hémisphères et spécialement le cortex cérébral), mais aussi, et par dessus tout, par la construction de cette clé essentielle pour sa régulation qu'est le langage. Ceci signifie aussi que la construction de «circuits artificiels» dans le cerveau humain est possible. Et la clé pour la formation de ces circuits est, en principe, entre les mains des adultes qui entourent l'enfant; comme le dit Vygotsky : «L'appareil et la clé se trouvent dans des mains différentes. L'homme influe au moyen du langage sur les autres hommes» (*ibidem*). Ainsi nous pouvons affirmer que les nourrissons de notre espèce se convertissent et *se transforment* qualitativement en enfants de notre culture parce qu'ils ne naissent pas dans un monde de silence, mais entrelacés aux autres, lesquels possèdent les clés qui leur permettront d'ouvrir leur tableau interne de signaux.

Il est évident que ce modèle du développement impliquait la nécessité de revenir au problème de l'organisation fonctionnelle du système nerveux. Se posait également la question de la signification précise (au plan fonctionnel) de cette possibilité de créer des «liens de l'extérieur» se répercutant au niveau du cortex des grands hémisphères. Un modèle du système nerveux suffisamment plastique, changeant, flexible, avec une malléabilité suffisante pour admettre la possibilité de *modifications fonctionnelles par la culture*, était nécessaire. Vygotsky avait l'intuition que sa théorie du développement devait se traduire en une nouvelle théorie de l'organisation des systèmes fonctionnels du système nerveux central. Ce fut une des raisons qui le conduisirent à reprendre des cours de médecine dans les dernières années de sa vie et à s'intéresser aux processus d'altération des systèmes neurofonctionnels, en particulier à l'aphasie. Il est évident que Vygotsky n'eut que le temps matériel d'ébaucher, et ceci dans les grandes lignes, la solution au problème de l'organisation des fonctions neurophysiologiques. Ce fut son ami et collaborateur, Alexander Romanovich Luria, qui poursuivit dans cette voie, ouverte par Vygotsky. Cette perspective que Vygotsky n'avait qu'esquissée au cours de la «décade prodigieuse» allait transformer la psychologie scientifique de notre siècle.

Chapitre XI
L'ébauche d'une théorie de l'organisation neurophysiologique des fonctions supérieures et les intérêts neuropsychologiques de Vygotsky

Nous avons déjà indiqué que l'acquisition des fonctions de signification (et spécialement du langage) ne supposait pas, selon Vygotsky, le développement d'un système supplémentaire, qui se surimposerait aux systèmes fonctionnels «inférieurs», lesquels permettent la formation de réflexes conditionnés, mais qu'elle impliquait une transformation complète de l'organisation des fonctions au sein du système nerveux. Dès ses premiers travaux (par exemple, dans l'article sur «le problème des réactions dominantes», publié en 1926), Vygotsky avait insisté sur l'importance du fait que le mécanisme de formation des stimuli conditionnés chez l'homme n'était pas comparable, sans autre, aux mécanismes de conditionnement animal. Car étant donné qu'il est capable d'enregistrer et de «refléter» la réalité au moyen de significations collectives, généralisées, analytiques, conventionnelles et abstraites du langage, l'homme n'a pas besoin du processus lent et graduel de formation de connexions temporelles par le conditionnement et le renforcement. Vygotsky admettait naturellement, que, chez l'homme, des processus de conditionnement *aient lieu*. Seulement, ceux-ci sont effectués d'une autre manière. Ils sont transformés et régulés (ou tout au moins, régulables) par les significations. Les études sur la psychologie et la physiologie de l'activité nerveuse supérieure ont démontré de manière sûre que le langage permet la formation de liaisons nerveuses stables dont les lois de fonctionnement ne correspondent pas aux lois classiques du conditionnement. Ainsi que le commente Luria (1968), «ces résultats donnent lieu à la considération selon laquelle le système nerveux central (SNC) de l'homme peut être qualifié avec raison de *système nerveux conceptuel*, et que les lois du fonctionnement de celui-ci possèdent une spécificité évidente» (p. 134).

Il est important d'éclaircir le problème auquel Vygotsky était confronté dans ce domaine : il s'agissait de construire un modèle du système nerveux qui pût, en effet, être «conceptuel», culturellement modelable «de l'extérieur». Il est évident que la thèse de la genèse sociale des fonctions supérieures posait la difficile question de la manière d'élaborer un plan du système nerveux central qui fût capable de transformations en rapport avec l'emploi d'outils, et de construire des liens significatifs en fonction des conventions culturelles. De quel type pouvaient être ces transformations produites par le processus d'humanisation?

Vygotsky rejetait l'hypothèse qu'il pût s'agir de *transformations structurales*. Pour lui, la structure du système nerveux ou du cortex des grands hémisphères ne se modifie pas du fait que les aptitudes à l'emploi d'outils, de signes ou de symboles linguistiques s'acquièrent. Il était nécessaire d'admettre alors que ces processus produisent des *modifications fonctionnelles*, des changements dans l'organisation fonctionnelle de l'activité des hémisphères cérébraux. Mais pour admettre la possibilité de modifications fonctionnelles au niveau du système nerveux central, il était nécessaire avant tout de compter sur un modèle adéquat de l'organisation fonctionnelle du système nerveux.

Il est évident que ce modèle ne pouvait pas être celui qui proposait une «localisation» précise des fonctions supérieures et qui reposait sur les découvertes de Broca et de Wernicke concernant les «centres» régulateurs du langage. Ces découvertes avaient provoqué une prolifération de «cartes» des centres cérébraux, incluant parfois des localisations spécifiques pour la régulation d'activités aussi clairement déterminées par l'histoire et la culture que la formation de concepts (qui serait «localisée» par certains dans la région pariétale inférieure gauche) ou l'écriture. L'idée d'une carte statique des centres capables de réguler les fonctions supérieures n'était pas compatible avec l'affirmation selon laquelle ces fonctions sont déterminées par l'histoire et la culture. Cela signifierait convertir à nouveau (cette fois par la voie des localisations) en nature statique ce qui est un résultat dynamique de l'histoire.

En opposition aux thèses «localisationnistes», certains neurologues et psychologues comme Monakow, Goldstei et Lashley proposaient un modèle «holistique», basé sur l'idée d'un cerveau fonctionnant «comme un tout» dans la régulation des fonctions supérieures. Le concept d'«équipotentialité» de Lashley, qui allait au bout de la position antilocalisationniste de Hughlings Jackson, était une expression de cette orientation. Cependant, les positions holistiques les plus extrêmes rencontraient des difficultés lorsqu'il s'agissait d'établir une relation précise entre le fonctionnement psychologique et la structure cérébrale. La situation, en ce domaine, était parallèle à la crise de la psychologie que Vygotsky avait soulignée quelques années auparavant. De la même manière qu'en psychologie apparaissait l'opposition entre un élémentarisme réductionniste et une perspective holistique à caractère phénoménologique, l'une et l'autre tout aussi incapables d'expliquer de façon adéquate la genèse et la nature des fonctions supérieures, en neurologie une opposition entre un «localisationnisme» et une perspective holistique, également incapables d'expliquer l'organisation fonctionnelle des processus supérieurs du système nerveux, était en train de naître. Certains neurologues de tendance plus «holistique» eurent recours, comme base ou comme point d'arrivée, à des formulations clairement dualistes et spiritualistes, comme si le fait psychique «entrait» dans le cerveau, afin de s'en servir (Eccles, par exemple, représentait clairement ce point de vue). Vygotsky avait entrevu la difficulté qu'il y avait à assimiler la position holistique la plus extrême à une conception matérialiste des fonctions supérieures.

Nous pouvons élaborer un schéma simplifié mais très clair de la situation : les orientations les plus localisationnistes étaient incompatibles avec la nature historique des fonctions supérieures ; et il était difficile aux tenants des positions les plus holistiques d'être en accord sur le caractère de fonctions de la matière. Il était nécessaire en ce domaine également de trouver une troisième voie.

Si nous partons de l'idée que les fonctions supérieures se constituent au cours de l'histoire de l'individu, se modifient dialectiquement lors du développement et sont le résultat de l'influence de la culture au travers des interactions, il est nécessaire de supposer que leur substrat fonctionnel, dans le système nerveux, consiste en *systèmes* flexibles qui mettent en rapport le fonctionnement de centres spécifiques (et ceci de diverses manières possibles). Ceci était, essentiellement, la solution que proposait Vygotsky. La conception *systémique* des fonctions supérieures impliquait le présupposé selon lequel ces fonctions correspondent à des interrelations entre zones corticales qui remplissent isolément des fonctions spécifiques (assurant ainsi la signification fonctionnelle de la structure matérielle du système nerveux), mais prennent la forme de relations changeantes tout au long du processus de développement (de façon qu'elles puissent rendre compte de la nature historique des fonctions). Au cours de l'histoire, des liens s'établissent et des *organes fonctionnels* se créent, qui ne requièrent pas de nouvelles organisations morphologiques, mais impliquent des réorganisations dynamiques de la texture des relations fonctionnelles établies au sein du système nerveux. Les organes fonctionnels sont donc un résultat du développement. En quelque sorte, on pourrait dire que le cerveau humain est, d'un point de vue fonctionnel, le résultat de l'histoire. Dans un article que Vygotsky écrivit peu avant sa mort et qui était à la base d'une communication qu'il pensait présenter au premier congrès ukrainien de psychoneurologie (qui eut lieu au cours de l'année 1934, alors que Vygotky était déjà mort), il développait cette idée : «Nous sommes convaincus qu'un système d'analyse psychologique adéquat, du point de vue de la théorie de la localisation, doit se baser sur la théorie historique des fonctions psychiques supérieures, à la base de laquelle se trouve la théorie de la structure systémique et sémantique de la conscience de l'homme, qui part de la reconnaissance de l'importance primordiale :

a) de la polyvalence des relations et des connexions interfonctionnelles;
b) de la formation de systèmes dynamiques complexes qui intègrent une série de fonctions élémentaires;
c) «du reflet généralisé de la réalité dans la conscience» (1934/1983 p. 303). Ces idées impliquaient la nécessité de substituer une analyse interfonctionnelle ou systémique, la seule qui fût capable d'expliquer le substrat nerveux des fonctions complexes, aux analyses structurales et fonctionnelles, incapables d'expliquer l'*activité* (en tant qu'unité essentielle d'analyse des processus supérieurs et de la conscience). Ceci supposait également une attitude critique envers les tentatives d'extrapolation des résultats de l'étude de la localisation fonctionnelle chez l'animal à l'homme, étant donné que, chez ce dernier, est censé apparaître un *nouveau* principe d'organisation de l'activité nerveuse dans des systèmes fonctionnels construits par l'histoire et variables au cours du développement.

Cette conception conduisait à établir un principe de grande importance selon lequel le rôle joué par les différentes régions cérébrales dans l'organisation des fonctions psychiques supérieures change tout au long du développement. C'est pour cette raison que les lésions focales relatives aux aires corticales peuvent avoir des effets différents au cours de l'enfance et à l'âge adulte (Luria, 1979). Il peut ainsi arriver que, chez l'enfant, la lésion empêche ou limite le développement de fonctions supérieures déterminées tandis que, chez l'adulte, cette lésion est à l'origine de la perturbation de fonctions plus élémentaires, régulées par les fonctions supérieures et perturbées à un moindre degré par ces dernières. «Le pouvoir de systématisation d'un centre — dit Luria — se développe du bas vers le haut au cours de la première enfance, et du haut vers le bas à l'âge adulte» (*op. cit.*, p. 135).

Ces principes permettaient de jeter les bases d'une nouvelle science, en l'occurrence la *neuropsychologie* qui fut principalement développée par Luria : en ce domaine, Vygotsky n'eut le temps de définir que quelques fondements. Ceux-ci devaient d'ailleurs jouer par la suite un rôle décisif dans la construction de cette science, mais il est évident qu'au cours des dernières années de sa vie, son approche des perturbations neurologiques était empreinte d'une attitude neuropsychologique. Sa participation à l'organisation du département de psychologie de l'Académie psychoneurologique de Kharkov ainsi que sa collaboration avec les membres de la clinique neurologique de Moscou, lui offrirent l'occasion de mettre à l'épreuve ses hypothèses théoriques, au sein de la clinique même. A la fin de sa vie, il était sur le point d'obtenir la direction du laboratoire de psychologie de l'Institut de Médecine expérimentale où il avait commencé à étudier, de façon systématique, des cas psychiatriques comportant des lésions cérébrales. Le point de vue neuropsychologique adopté par Vygotsky pour l'examen de ces cas est flagrant si l'on considère le type d'épreuves qu'il imaginait pour vérifier ses hypothèses cliniques. Luria en relate un bel exemple. Il s'agit d'un patient présentant la maladie de Parkinson :

> «Concernant ces patients nous observons le fait paradoxal qu'alors qu'il ne leur était pas possible d'effectuer deux pas successivement sur une surface plane, ils étaient capables de monter sans difficulté des escaliers. Nous formulâmes l'hypothèse que lorsqu'on monte un escalier, chaque pas représente un signal auquel répondent les impulsions motrices du patient. Lorsqu'on monte un escalier, le flux successif et automatique du mouvement qui a lieu lorsqu'on marche sur une surface plane, est remplacé par des chaînes de réactions motrices discrètes. En d'autres termes, la structure de l'activité motrice se réorganise, et le système involontaire, organisé au niveau sous-cortical, qui régit ordinairement la marche, se voit remplacé par une réponse consciente à chaque échelon de la chaîne. Vygotsky employa un procédé très simple pour construire un modèle de laboratoire de ce type de réorganisation du mouvement. Il mit sur le sol une série de petits papiers, et demanda au patient de marcher de l'un à l'autre. Il arriva quelque chose de merveilleux : un patient, qui n'était pas capable de faire plus de deux ou trois pas de lui-même lorsqu'il marchait dans sa chambre, marchait facilement de petit papier en petit papier, comme s'il était en train de monter un escalier. Nous l'avions aidé à dépasser les symptômes de sa maladie en lui permettant de réorganiser les processus mentaux en jeu dans la marche. Il avait compensé sa déficience en transférant l'activité du niveau sous-cortical, qui présentait une lésion, au niveau cortical qui n'était pas affecté par la maladie» (1979, p. 128).

Dans ce cas, les études réalisées s'orientèrent principalement vers l'analyse de l'effet des mécanismes de régulation et d'autorégulation consciente (par exemple, au moyen du langage) sur la conduite motrice des sujets. Les résultats permettaient de développer des «prothèses significatives» pour compenser les effets de la maladie de Parkinson. Cependant, le problème qui intéressa le plus Vygotsky fut celui de l'aphasie. Il pensait que la perturbation du système essentiel de régulation et d'autorégulation qu'est le langage, donnerait lieu à une conduite immédiate, régulée essentiellement par des processus réactifs non médiatisés. En ce domaine, les faits démontrèrent ultérieurement que les hypothèses de Vygotsky partaient d'une simplification excessive du concept (très complexe) d'aphasie, et des fonctions psychiques (très variables) des patients présentant une aphasie. Après la mort de Vygotsky, Luria allait faire des contributions d'une énorme importance pour le développement de l'aphasiologie.

Chapitre XII
Pensée et parole : la conception sémiotique de la conscience, la genèse, la structure et la fonction du langage intérieur

Vygotsky mourut à 37 ans, le 11 Juin 1934, au sanatorium de Serebryany Bor. Dans ses dernières années, son œuvre scientifique s'était réalisée dans une lutte constante contre la maladie. Deux mois après sa mort, l'œuvre par laquelle il allait être le plus connu dans le champ de la psychologie, de la linguistique et des sciences humaines : *Myslenie i rec*, «Pensée et parole» paraissait. Cet ouvrage constitue une sorte de synopsis des idées fondamentales qu'il avait développées durant «ses années de psychologue», et qu'il avait appliquées au problème du langage humain, qui, dès sa période de formation, avait été sa préoccupation essentielle. Les principaux chapitres du livre (du deuxième au sixième) qui constituaient en fait des articles brefs et des prologues, avaient été écrits entre 1929 et 1934. Le premier et le dernier furent élaborés par Vygotsky, peu avant sa mort, dans le but de donner une unité à l'ouvrage. Le dernier chapitre («Pensée et mot») peut être considéré comme le noyau essentiel de sa pensée, et selon l'opinion de certains chercheurs (comme par exemple, Mecacci, 1983; Wertsch, 1979), Vygotsky se dirigeait vers une nouvelle conception des processus mentaux, qu'il ne put élaborer et qui n'a pas encore été développée de manière complète.

Comme *Pensée et langage*[1] est facilement accessible aux lecteurs francophones, je me limiterai à décrire ceux des aspects qui me paraissent les plus essentiels de l'œuvre et à développer brièvement quelques-unes de leurs implications. A cette fin, nous allons commencer par définir le sens de *Pensée et langage* dans le cadre général des conceptions psychologiques de Vygotsky.

Nous avons déjà indiqué que la recherche d'une *unité*, qui conserve les caractéristiques fondamentales des fonctions psychiques les plus complexes de l'homme, avait conduit Vygotsky à la catégorie de l'*activité*, de la transformation *médiate* et instrumentale du milieu par le comportement. Lorsque cette activité médiate se réfère aux personnes plus qu'aux objets physiques, elle devient *significative* par l'influence des autres, c'est-à-dire des groupes sociaux qui transmettent la culture à l'enfant et, ce faisant, l'«humanisent» au sens strict. Ce sont dans les interactions que les *signes*, qui sont principalement des *instruments* (des médiateurs) de la relation entre les personnes, trouvent leur origine. Leur fonction primordiale est celle de communication. Un sujet ne pourrait pas construire ou acquérir de signes en l'absence d'autres sujets (l'asymbolie que présentent les enfants qui n'ont pas été en contact avec d'autres personnes est une donnée en accord avec la conception vygotskyenne). Les instruments d'interaction que sont les signes ne sont *pas* intégrés à une conscience *préalable* ou à une espèce d'esprit inné que posséderait le sujet, mais nous pouvons dire que la conscience et le sujet eux-mêmes, ainsi que l'«esprit», si l'on veut, résultent des signes, sont élaborés grâce aux signes : il n'y a de sujet qu'en tant qu'individualité proprement humaine et transmetteur de culture et non comme unité biologique ou en tant que membre de notre espèce animale; l'esprit est une formation de la culture et non pas une substance indépendante et immatérielle; la conscience n'est pas une trame solitaire mais elle consiste précisément en une forme de contact social avec soi-même. Ce «contact social avec soi-même» est rendu possible par le fait que l'organisation psychologi-

---

[1] C'est le titre qui fut donné de manière inadéquate à *Myslenie i rec* dans plusieurs traductions occidentales (par exemple dans les traductions anglaise, italienne, française et espagnole). Comme l'a signalé Wertsch (1979), une distinction nette existe en russe entre rec (parole) et yazyk (langue). Le concept de rec a une signification plus large et chez Vygotsky, il se réfère avant tout, au langage en tant qu'activité fonctionnelle, sans pour autant exclure un sens très pragmatique, qui peut s'opposer à celui de langue comme structure abstraite ou code analysable indépendamment de son emploi interactif.
Il ne s'agit pas pour autant de la parole comme réalisation motrice mais comme activité(deyatel 'nost') instrumentale, pouvant se situer sur le plan des unités d'analyse de la psychologie dont parlait Vygotskyé.

que, à travers la relation avec les autres, se «dédouble» (ceci dit en des termes quelque peu approximatifs) et réplique envers soi-même, les modèles d'interaction. Un tel processus est rendu possible par le fait que les signes, qui avaient à l'origine un caractère externe d'instruments objectifs de la médiation entre personnes, s'intériorisent jusqu'à devenir des instruments internes et subjectifs de la relation d'un sujet avec lui-même. Nous pouvons parler d'un niveau de conscience à partir de ce «dédoublement», celui-ci étant autorisé par l'intériorisation des instruments de relation entre les personnes. De cette façon, parler de la genèse et de la nature sociale de la conscience équivaut à se référer à sa *structure sémiotique*.

Par ailleurs, il est évident que les outils sémiotiques les plus puissants au niveau du contact social et de la régulation interhumaine, sont les mots. Les mots sont essentiellement des conventions humaines construites par la culture pour la communication et l'interrégulation du comportement. Ainsi, lorsque nous sommes confrontés au thème de la genèse et de la nature de la conscience, l'analyse des processus d'intériorisation du langage et de l'organisation ou de la *structure sémantique* à laquelle ces processus donnent lieu, constitue un problème essentiel. En un certain sens, nous pouvons nous référer aussi (comme le fait Vygotsky) à la «structure sémantique» de la conscience. Ceci veut dire, en premier lieu, que la conscience — et les fonctions supérieures — sont des mécanismes de signification et ceci pose la question suivante : comment *signifient*-ils?

Afin de donner une première réponse à cette question, il convient que nous nous référions à une autre définition de la conscience que propose Vygotsky. Celle-ci est précisément en rapport avec le concept d'«*otrazenie*» de Lénine où la conscience est conçue comme un *reflet actif et généralisé* du réel. Ceci signifie que la conscience ne reflète pas le réel par une espèce d'impression empirique directe des choses, mais en se servant de *catégories* et de *concepts*, créant des «formes d'unité» lorsque le reflet indirect des objets et des relations s'effectue. En outre, ces formes d'unité sont ce qui nous permet de parler d'un plan sémantique dans le langage et (par conséquent) au sein de la structure même de la conscience. Si la conscience constituait un reflet direct du réel, il ne serait pas pertinent de parler de signification. Par ailleurs, les formes d'unité qui permettent un reflet médiat du réel ne sont pas des *a priori* kantiens, de caractère inné, mais sont des *constructions génétiques*, dont la forme et la structure se modifient tout au long du développement.

Au cours du développement, ne varient pas seulement la signification des signes et la structure des formes d'unité (concepts) au travers desquelles se reflète le réel, mais d'une certaine façon, le développement lui-même *consiste* également en une variation plus fondamentale encore : «la véritable essence du développement — dit Vygotsky — se trouve dans le changement de la structure interfonctionnelle de la conscience» (1934/1977, p. 22). C'est-à-dire qu'en dehors des variations *internes* des fonctions psychiques qui constituent la trame de la structure même de la conscience, une modification bien plus fondamentale survient au niveau de l'organisation des relations entre ces fonctions. En ce sens, nous pouvons parler du caractère dialectique du développement ainsi que de changements *qualitatifs* à l'intérieur de celui-ci, le développement humain ne présentant pas seulement une évolution quantitative mais étant plutôt le fruit de révolutions génétiques.

Parmi ces transformations qualitatives, celle qui a le plus d'importance est celle qui permet un changement essentiel de la régulation du comportement, régulation qui d'externe (par les stimuli du milieu, comme dans les processus de conditionnement), passe à une régulation interpersonnelle (par exemple, par le langage des autres) pour finalement se transformer en une régulation interne (à travers les signes et les significations qui constituent le tissu de la conscience elle-même). Le changement de la structure interfonctionnelle de la conscience est ainsi, de manière très étroite, en rapport avec le changement des systèmes de régulation du comportement et de la structure des processus dépendant des médiations significatives, internes ou externes.

Les considérations antérieures nous permettent d'établir avec plus de clarté les buts que la problématique énoncée par Vygotsky dans *Pensée et langage* visait. Les conceptions classiques de la relation entre pensée et langage, malgré leurs différences, partaient de la supposition implicite commune que la forme de leur relation restait invariable tout au long du développement. Face à ces conceptions, le postulat essentiel de Vygotsky était que le lien entre pensée et langage n'est pas de caractère primaire et invariant mais que son origine se trouve dans le développement, se modifie et se fait de plus en plus étroit tout au long de celui-ci. La difficulté traditionnelle de compréhension de ces transformations interfonctionnelles était liée au mode d'explication élémentariste, et à la tendance à réduire le développement de la conscience à un développement autonome de chacune de ses fonctions. Dans l'objectivisme classique par exemple, les explications réductionnistes tendaient à postuler une identification ou une fusion entre pensée et langage (les réduisant tous deux à des réflexes, à des habitudes, etc.), faisant ainsi disparaître, de manière quasi magique, le problème de leurs relations. Au pôle opposé, se trouvaient les tenants des positions postulant une coupure et une disjonction totale entre pensée et langage : ainsi les chercheurs de l'Ecole de Wurtzbourg, qui libéraient la pensée de toutes ses composantes sensorielles, considéraient le langage comme un simple «habillage externe» de la pensée. De la même manière que les difficultés du premier point de vue provenaient de l'emploi d'éléments d'analyse inadéquats pour l'investigation des relations entre pensée et langage (les réflexes par exemple), celles de la seconde position relevaient de la tendance à séparer les unités de la pensée verbale en éléments de pensée d'une part, et de parole d'autre part. Le problème consistait en la définition d'une *unité* (et non d'un élément) d'analyse, permettant d'étudier les différentes relations entre pensée et langage.

Dans le cas de la pensée verbale, qui constitue la trame essentielle de la structure sémiotique de la conscience, l'unité interne d'analyse (c'est-à-dire, celle qui conserve toutes les propriétés du tout et ne peut admettre de se diviser sans les perdre) est la *signification* du mot, dont l'essence consiste, ainsi que nous l'avons déjà dit, à être un reflet généralisé de la réalité, qui suppose un progrès qualitatif (ou un saut dialectique) par rapport à la sensation, en se référant non pas aux objets isolés mais à des groupes ou à des classes d'objets et de relations : «S'il en est ainsi, la méthode de recherche ne peut être alors que l'analyse sémantique, l'analyse de l'aspect sémantique du langage, *l'étude de la signification du mot*. En suivant cette voie, nous sommes en droit d'attendre une réponse directe aux questions que nous nous posons sur le rapport de la pensée et du langage car ce rapport lui-même est contenu dans l'unité de base que nous avons choisie et l'étude du développement, du fonctionnement, de la structure et en général du mouvement de cette unité de base peut nous apporter beaucoup de connaissances qui nous éclaireront sur le rapport entre pensée et langage, sur la nature de la pensée verbale» (1934/1985, p. 38).

Lorsqu'on prend comme unité la signification, la dissociation (produite par l'analyse élémentariste) entre les fonctions de communication et de représentation du langage disparaît. La communication requiert la signification du mot et ne peut ni se passer du signe ni du reflet généralisé, étant donné que l'expérience individuelle, au sens strict, n'est pas communicable à moins qu'elle ne se codifie en catégories plus ou moins conventionnelles. Mais, comme les formes d'unité du reflet généralisé de la réalité varient tout au long du développement, la structure même de la communication varie également (ainsi, certaines pensées ne sont pas communicables aux enfants). La variation génétique de la signification peut s'analyser sur deux plans : *sur un plan externe*, pour ainsi dire, se fait une longue prise de conscience de la valeur symbolique et conventionnelle des mots de la part de l'enfant (et ici Vygotsky critique l'idée de Stern d'une «racine intentionnelle» du langage, par la découverte soudaine que les choses ont un nom, et il s'en remet à la conception piagétienne des mots vécus par l'enfant comme des *attributs réels* des objets) et de la valeur du langage comme reflet généralisé et conventionnel de la réalité. Sur un *plan interne*, se pose le problème de la construction génétique des concepts, et ici Vygotsky se référait aux expérimentations de sa propre équipe sur la formation des concepts chez les enfants, constructions qui permettaient d'établir une ligne génétique depuis les *ensembles inorganisés* de l'enfance (groupement d'objets divers sans aucun fondement) aux *complexes* (où les éléments ne se groupent plus selon des impressions subjectives, mais en fonction des relations variables, réelles et objectives construites par l'expérience directe et non par l'abstraction logique), aux *pseudo-concepts* (produit de l'interaction entre le mode de pensée enfantin en complexes et le langage adulte, et qui sont des formes phénotypiquement similaires aux concepts, mais génotypiquement différentes) pour enfin aboutir aux *concepts potentiels* (qui sont déjà le produit d'une abstraction, mais encore très élémentaire et «isolatrice») et aux *concepts proprement dits*, qui seraient un produit génétique ou une synthèse des pseudo-concepts et des concepts potentiels, autrement dit des fonctions d'analyse et de synthèse, de généralisation et d'abstraction.

Pour Vygotsky, le langage ne jouait pas seulement un rôle secondaire par rapport au développement des formes d'unité avec lesquelles la conscience reflète de manière généralisée la réalité. Le langage n'est pas un vêtement interne de la pensée, mais il établit pour elle — pour ainsi dire — une «direction catégorielle», de manière à ce que «la pensée ne s'exprime pas dans le mot mais se réalise dans le mot» (1934/1985, p. 329) Cette idée est semblable à celle que développe Wittgenstein dans le *Tractatus logico-philosophicus*, ou à celle de Merleau-Ponty (1969), lorsqu'il indique que dans le langage «s'accomplit» la pensée. C'est aussi la même conception que celle de Bolton (1972) selon laquelle «la mystérieuse propriété du langage est que dans celui-ci s'effectue la transition du tacite à l'explicite» (p. 207). Mais Vygotsky va, dans un certain sens, plus loin : à travers le langage — disait-il aussi — *se construit ce qui est tacite*. «La structure du langage — indiquait Vygotsky — n'est pas le simple reflet comme dans un miroir de celle de la pensée. Aussi le langage ne peut-il revêtir la pensée comme une robe de confection. Il ne sert pas d'expression à une pensée toute prête. En se transformant en langage, la pensée se réorganise et se modifie» (1934/1985, p. 331). Ces changements, pouvons-nous dire, se réfèrent aussi bien à l'aspect *macrogénétique* que *microgénétique*. Dans le premier, ainsi que nous l'avons signalé, le langage établit la direction catégorielle qui permettra la construction des concepts (l'idée de Vygotsky implique que, sans langage, il ne serait pas possible de développer des concepts au sens strict). Au plan microgénétique (c'est-à-dire celui qui conduit de la construction d'une pensée à sa formulation linguistique), l'instantanéité de la pensée se transforme en une analyse de l'expression verbale dans son étendue temporelle : «La pensée ne se compose pas de mots isolés, comme le langage. Si je veux transmettre l'idée que j'ai vu aujourd'hui un petit garçon courir dans la rue en blouse bleue et pieds nus, je ne vois pas séparément le garçon, sa blouse, la couleur bleue de celle-ci, l'absence de chaussures, le fait qu'il court. Je vois tout cela ensemble en un seul acte de pensée mais dans le langage je le décompose en mots séparés. La pensée représente toujours un tout, beaucoup plus grand en étendue et en volume que le mot isolé. Un orateur développe souvent une seule et même pensée pendant plusieurs minutes. Cette pensée forme un tout dans son esprit et n'apparaît pas du tout progressivement, en unités séparées, comme le fait le langage. *Ce qui existe simultanément dans la pensée se développe successivement dans le langage*. On pourrait comparer la pensée à un lourd nuage qui déverse une pluie de mots» (*ibid.*, p. 379). Dans la mesure où le langage se convertit en outil fondamental de la pensée, celle-ci subit des transformations aussi bien microgénétiques que macrogénétiques.

Lorsque nous disons que le langage «se transforme» en instrument de pensée (et de régulation de l'action) c'est parce qu'en principe, il ne l'est pas. L'un des présupposés essentiels de *Pensée et langage* est que l'un et l'autre ont des racines génétiques distinctes, qui plus tard se synthétiseront dialectiquement dans le développement. L'étude de cette synthèse (du processus par lequel le langage se convertit en pensée et la pensée en langage) exigeait l'investigation de l'origine, du développement et de la structure du langage intérieur, qui est un des apports fondamentaux de *Pensée et langage*.

La matérialisation de l'idée vygotskyenne selon laquelle la pensée «se réalise dans la parole» impliquait de faire référence au langage intérieur comme instrument essentiel de médiation de la pensée. Et ici se posaient trois types de problèmes : 1. ceux en rapport avec la genèse et le développement de la pensée verbale; 2. ceux qui se réfèrent à ses fonctions, et 3. ceux qui sont liés à sa structure et à son organisation.

1. L'hypothèse génétique sur le langage intérieur fut un des apports les plus remarquables de Vygotsky. Comme on le sait, il s'opposa à la conception piagétienne du monologue enfantin en tant que simple expression d'une «pensée égocentrique», idée qui s'opposait clairement aux siennes propres sur les vecteurs essentiels du développement. Dans ses premières œuvres, Piaget concevait le développement sous la forme d'une socialisation progressive de la pensée de l'enfant (qui, à partir d'une phase «autistique», non adaptée à la réalité, tendant à satisfaire des désirs plus qu'à établir des vérités, irait progressivement vers une «pensée socialisée», consciente, dirigée par des buts présents chez le sujet, et susceptible d'être vérifée dans la réalité). La «phase égocentrique» est intermédiaire aux deux phases antérieurement citées, et se situe à mi-chemin entre elles deux caractérisant une pensée définie par la difficulté ou l'incapacité de coordonner le point de vue propre avec celui de l'autre, de changer de cadre de référence, de justifier ses propres raisonnements, de se transformer en fonction des contradictions, etc. Le langage «égocentrique» serait ainsi un reflet de cette forme de pensée.

La séquence génétique proposée par Piaget s'oppose clairement à celle ayant permis à Vygotsky d'établir les présupposés essentiels de sa théorie : pour lui, le développement ne devait pas se définir comme une «socialisation progressive» d'une organisation primordialement autiste et solitaire, mais bien plus comme la progressive individuation d'une organisation essentiellement sociale dès son origine. Ceci obligeait à reposer le problème de la signification génétique du monologue enfantin et à réinterpréter les observations de Piaget lui-même, selon lesquelles le monologue diminue au moment où l'enfant entre dans l'âge scolaire. Pour Piaget, cette diminution (et son éventuelle disparition), était l'expression de changements au sein de la pensée et de la socialisation progressive de celle-ci.

La solution de Vygotsky était très différente : le monologue ne disparaît pas réellement, mais il «s'immerge» jusqu'à se convertir en instrument interne de la pensée. Il est la base génétique du langage intérieur. La meilleure manière de démontrer indirectement cette séquence de développement qui conduit du monologue enfantin au langage intérieur, était de démontrer que celui-ci ne se limite pas à refléter la structure cognitive préétablie, mais qu'il remplit des fonctions essentielles qui ne peuvent pas «disparaître» sans autre dans l'ontogenèse. Et ceci nous amène au second point : celui des fonctions du langage intérieur et de son précurseur génétique, le «langage égocentrique» de l'enfant.

2. Dans l'étude fonctionnelle du langage égocentrique, nous pouvons différencier deux classes de recherches : les unes se référant à sa *fonction objective* (celle qu'il a réellement), et les autres, à sa *fonction subjective* (celle que l'enfant croit qu'il a). Une des observations fondamentales de Vygotsky concerne le fait qu'une curieuse discordance existe entre ces deux plans fonctionnels de telle manière que le langage égocentrique possède de fait une fonction qui n'est pas celle que l'enfant «croit» qu'il a. La méthodologie employée pour l'analyse de la fonction objective était très simple. Elle consistait essentiellement à rendre difficile l'activité spontanée de l'enfant et à mesurer les changements au niveau du langage égocentrique dans ces circonstances. Le résultat était clair : les enfants *augmentaient* leur quantité de langage égocentrique lorsque leur activité se voyait en difficulté ou obstruée (par exemple, lorsque l'enfant se préparait à dessiner et se trouvait sans s'y attendre sans papier ni crayon). Par ailleurs, l'observation de la relation temporelle entre langage égocentrique et activité faisait apparaître une séquence de développement définie par une anticipation progressive du langage en rapport avec l'activité. Au début, le langage égocentrique indique un *aboutissement* correspondant à un changement d'activité; ensuite il se «transporte» aux points centraux de cette activité; enfin, il se situe au *début*, jouant le rôle de fonction directive et élevant l'activité de l'enfant au niveau de la conduite intentionnelle au sens propre du terme. Cette séquence constitue une piste claire pour mettre à jour la *fonction objective* que le langage égocentrique acquiert progressivement : celle de réguler et de planifier l'activité ainsi que de servir d'instrument essentiel pour la résolution de problèmes cognitifs. Dans la mesure où le langage lui-même se rend indépendant des facteurs contextuels et pragmatiques les plus directs en passant d'un plan apraxique à un plan asémantique (pour employer la terminologie de Luria, 1979), cette régulation se fait aussi plus indépendante du champ immédiat de la perception et de l'activité concurrente (Wertsch, 1979), permettant de convertir en action (c'est-à-dire en conduite guidée par des buts subjectifs) le comportement du sujet (cette analyse, qui va plus loin que les énoncés explicites de Vygotsky, se base sur le concept d'«action» de Léontiev). En ce sens, nous pouvons dire que le langage égocentrique n'est pas seulement un prérequis ontogénétique au langage intérieur, mais aussi à l'«intention», dans son sens le plus large.

Bien qu'*objectivement* la fonction autorégulatrice et planificatrice du langage de l'enfant se différencie progressivement de sa fonction première de communication — à travers le développement du langage égocentrique —, *subjectivement* l'enfant continue à utiliser le langage égocentrique comme s'il était un langage social. Dans les expérimentations réalisées par Vygotsky, Luria, Léontiev et Lévitina, il était démontré que, lorsque la communication de l'enfant est rendue plus difficile objectivement (en le mettant, par exemple, devant des étrangers, en l'isolant ou en émettant un bruit fort, etc), l'enfant *diminue* sa quantité de langage égocentrique, ce qui démontrerait que, loin de représenter une «attitude égocentrique», celui-ci serait perçu par l'enfant comme un langage social (même quand il ne l'est plus au sens strict). Ce traitement subjectif du «langage privé» comme s'il était un langage social révèle son origine : elle se trouve dans la fonction sociale et communicative du langage. Le langage naît, dans l'ontogenèse, comme instrument social de communication. Du magma primitif de cette fonction sociale, une forme «privée» se différencie progressivement. Elle permet d'organiser l'action et de la «programmer», de mieux disposer des ressources et des stratégies de résolution de problèmes ainsi que d'établir explicitement des buts d'action indépendants des circonstances immédiates. Ceci suppose donc un progrès décisif au niveau du développement, celui-ci conduisant du contrôle interpersonnel de l'activité, par les stimuli, au contrôle intrapersonnel. Le monologue enfantin exprime le développement de ce qui pourrait être qualifié de «fonctions intrapersonnelles» du langage. Cependant (et il en sera de même pour tout ce que nous avons dit de la conception théorique de Vygotsky), la construction de ces fonctions intrapersonnelles *n'implique pas* que les formes de langage privé — le monologue enfantin et le langage intérieur — «perdent» leur caractère social. Au contraire : ils s'approfondissent en lui. Comment cela est-il possible?

Cela est possible parce que la construction du sujet et de sa conscience est, en elle-même, une construction sociale (nous revenons de nouveau à l'idée de la conscience comme «contact social avec soi-même»), et parce que la *subjectivité* a comme condition paradoxale le dédoublement préalable. C'est en raison de cela que nous pouvons dire que lorsque l'enfant se parle à lui-même (reproduisant, en principe, les modèles de relations significatives avec les autres), il est en train de construire sa conscience et de se construire en tant que sujet sur un plan plus élevé que ce que les *processus de premier ordre* (c'est-à-dire les processus inférieurs) autorisent. *Les processus de second ordre*, rendus possibles par la réplication intrapersonnelle de modèles interpersonnels (et qui s'appuient sur les processus de premier ordre, permettent la construction la plus subtile de la société qu'est la conscience humaine. Dans tout ce processus, le développement de la fonction autorégulatrice des signes (spécialement du langage) joue un rôle capital parce qu'il donne lieu à la constitution de formes qui, en s'intériorisant, se transforment au sens propre en conscience. C'est pour cette raison que Vygotsky concluait *Pensée et langage* de cette façon : «... Le mot joue un rôle central dans la conscience prise dans son ensemble et non dans ses fonctions singulières. Le mot est bien dans la conscience ce qui, selon Feuerbach, est absolument impossible à l'homme seul mais possible à deux. C'est l'expression la plus directe de la nature historique de la conscience humaine. La conscience se reflète dans le mot comme le soleil dans une petite goutte d'eau. Le mot est à la conscience ce qu'est un petit monde à un grand, ce qu'est une cellule vivante à l'organisme, un atome au cosmos. C'est bien un petit monde de conscience. Le mot doué de sens est un microcosme de la conscience humaine» (1934/1985, p. 385).

Le développement fonctionnel par lequel s'élaborent les «fonctions privées» du langage implique, ainsi que nous l'avons signalé, l'élaboration de formes linguistiques aux caractéristiques structurales spécifiques. Et ceci nous conduit au troisième aspect essentiel de l'analyse vygotskyenne de la genèse et de la nature des formes privées du langage, aspect qui est relatif à sa structure et à la signification de celle-ci.

3. De la même manière que l'analyse des fonctions du Langage égocentrique de l'enfant constitue une donnée importante et favorable à l'hypothèse génétique de la relation entre le monologue enfantin et le langage intérieur, l'analyse de la structure de ce monologue tout au long du développement fait apparaître un certain nombre de caractéristiques qui seraient difficilement explicables en dehors de cette séquence génétique. Le caractère du langage égocentrique d'être de plus en plus «impénétrable» et idiosyncrasique s'accentue entre 3 et 7 ans (phénomène qui va évidemment contre la certitude d'une plus grande socialisation de l'enfant de 7 ans), et les différences structurales entre le langage interpersonnel et le langage intrapersonnel sont de plus en plus saillantes. Les particularités structurales que développe le langage privé doivent être mises en relation avec le processus d'intériorisation : «Avec l'isolement progressif du langage pour soi-même, — disait Vygotsky —, sa vocalisation n'a plus de raison d'être et est alors sans signification; elle devient, du fait de ses particularités structurales croissantes, même impossible. Le langage pour soi-même ne peut trouver son expression dans le langage externe. Plus le langage égocentrique devient indépendant et autonome, plus pauvres en sont ses manifestations externes. Finalement, il se sépare entièrement du langage destiné aux autres, il cesse de se vocaliser et donc il semble petit à petit disparaître» (1934/1977, p. 176). L'hypothèse de Vygotsky était que le monologue a une structure de plus en plus semblable à celle que possèdera par la suite le langage intérieur. L'intériorisation ne consiste pas seulement en un «abandon du son», qui conserverait les

formes structurales du langage interpersonnel, mais serait solidaire d'un développement structural guidé, à son tour, par l'exigence d'une plus grande efficacité et d'une plus grande économie dans l'accomplissement des fonctions d'autorégulation et de programmation propres du langage privé. C'est pour cette raison que le langage égocentrique offre, surtout dans ses dernières étapes, un excellent matériau observationnel pour analyser la structure de la pensée verbale, étant en quelque sorte une objectivation externe de celle-ci. Lorsque nous nous référerons à cette structure, nous emploierons le terme de «langage privé», celui-ci se rapportant à l'ensemble «langage égocentrique-langage intérieur».

Nous pouvons situer sur divers plans l'analyse de la structure du langage privé (ainsi qu'elle s'objective en particulier dans les dernières manifestations du monologue chez l'enfant).

1. Sur un plan *logique* (que Vygotsky définissait comme «syntaxique», mais qui ne semble pas l'être au sens strict. Cf. Wertsch, 1979) une tendance à une forme spéciale d'abréviation apparaît, celle-ci consistant en la suppression du sujet logique, et des termes en rapport avec celui-ci, tout en conservant le prédicat. Nous avons donc comme caractéristique première et essentielle celle d'avoir un *contenu prédicatif.*

2. Sur un plan *phonologique*, le langage privé se caractérise par la tendance à l'abréviation et à l'élision de phonèmes. Cette tendance pourrait être mise en rapport avec le processus même d'intériorisation. «Le langage intérieur — disait Vygotsky — se manie avec la sémantique et non avec la phonétique» (*ibid.*, p. 188). La tendance à la réduction phonétique en constitue donc le trait essentiel ainsi que nous l'avons établi.

3. Cette tendance à la réduction se manifeste aussi dans les aspects *morphologique et lexical* — élision de mots et de parties de ces mots, etc —.

4. Dans l'aspect *syntaxique*, le langage privé présente une tendance à la désorganisation, à être grammaticalement amorphe.

5. Sur le *plan sémantique* enfin, le langage privé se définit par les traits suivants :

a) La prédominance du «sens» (compris comme «somme des processus que le mot provoque dans notre conscience», y inclus la connotation) sur la signification plus conventionnelle (ou «de dictionnaire»).

b) La tendance à combiner le sens de plusieurs mots en un seul, qui fait apparaître un phénomène pouvant être décrit comme «surcharge de sens».

c) La tendance à l'agglutination de plusieurs mots en un seul.

Ces particularités font que la transition du langage intérieur au langage externe n'est pas une simple vocalisation de ce qui est silencieux, mais «un processus dynamique et complexe, qui implique la transformation de la structure prédicative et idiosyncrasique du langage intérieur en un langage articulé et intelligible pour les autres» (*ibid.*, 1985, p. 191). Il arrive, en définitive, que le langage intérieur constitue une «fonction en soi». Il incarne — comme le langage externe — la pensée en mots, mais chez lui, les mots meurent dès qu'ils ont transmis la pensée. C'est pour cette raison que Vygotsky dit que «le langage intérieur est en grande partie, une pensée à significations pures, qu'il est dynamique et instable, qu'il fluctue entre la parole et la pensée» (*ibid.*, p. 192).

Pourquoi le langage privé est-il aussi prédicatif et elliptique ? Pourquoi comporte-t-il autant de sens sur un ensemble aussi limité d'éléments ? Une réponse semble évidente, et presque triviale, mais elle est cependant loin d'épuiser le thème : quelqu'un, à soi-même, ne doit pas «tout se dire». Il suffit d'indiquer, d'esquisser des relations pour que puisse s'écouler le cours de la pensée. Ainsi, dans les phrases, la référence au sujet logique n'est généralement pas nécessaire, parce que «lorsqu'on pense, on sait à quoi on se réfère»; il n'est pas nécessaire que l'on se dise les mots et les phrases complètement parce qu'on sait déjà ce qu'on se dit d'un bref signal. C'est pour cette raison que le langage privé comporte, en grande partie, un caractère d'ébauche rapide. La pensée ne requiert pas la tranquille élaboration analytique de la communication interpersonnelle.

Dans un article pénétrant, James V. Wertsch (1979) a analysé la caractéristique essentielle du langage privé, à savoir la prédominance de la prédication, selon les termes de la distinction entre sujet et prédicat psychologique et en fonction de la théorie de l'activité de Léontiev. A cette fin, il s'est servi d'un concept de première importance dans la psycholinguistique contemporaine : l'idée selon laquelle les formes linguistiques sont le résultat d'«un contrat entre ce qui est donné et ce qui est nouveau». Lorsque nous parlons à une autre personne, nous essayons de lui communiquer une information nouvelle et nous recourons seulement à ce que nous supposons «donné» (c'est-à-dire, à ce qu'elle sait, ou mieux encore, à ce qui se présente de manière actuelle, à sa conscience) pour ancrer la nouvelle information dans la structure de l'information que l'autre personne possédait au préalable.

L'idée de Wertsch est que la distinction vygotskyenne entre le sujet et le prédicat grammatical concernant la structure du langage privé doit être réinterprétée comme distinction entre ce qui est donné et ce qui est nouveau. Dans cette perspective, ce qui est caractéristique du langage privé serait la tendance à ne formuler que ce qui est «nouveau» et à éliminer ce qui est «donné» par le contexte. Mais ici une difficulté particulière surgit : Est-ce que tout n'est pas donné au sujet qui se parle à lui-même? Quel sens peut avoir la différenciation donné-nouveau lorsque nous sommes confrontés à une organisation intrapersonnelle et non pas à ce qu'«une conscience ajoute à une autre conscience»? Est-ce qu'il n'y a pas préalablement dans ma conscience le contenu de tout ce que je me dis à moi-même?

Dans une tentative de réponse, Wertsch recourt à la notion d'activité de Léontiev. Selon Wertsch — dans le cas du langage privé —, l'organisation de ce qui est donné et de ce qui est nouveau se réfère essentiellement à la structure de l'activité concurrente, ou (ce qui est équivalent), à la structure concurrente de la conscience : «Dans le cas du langage privé — dit Wertsch — l'information donnée est la connaissance qui se trouve dans la conscience du locuteur au moment de l'émission. Ce que l'on appelle information ‹nouvelle› concerne ce qui est en train de s'introduire dans la conscience» (1979, p. 91). Cela peut être difficile à démontrer dans le cas du langage privé adulte, mais dans le monologue objectif de l'enfant, il est possible de contrôler l'hypothèse de Wertsch en substituant à la catégorie de la conscience, sa matrice génétique : l'activité. Dans ce cas, nous dirions que ce qui est «donné» est représenté par le contexte auquel se réfère l'activité et que ce qui est «nouveau» se réfère à des aspects déterminés de l'action qui est en train de se réaliser. Les observations préliminaires de Wertsch, sur le «langage privé» des enfants de 2 ans, paraissent favorables à son hypothèse.

Chapitre XIII
Quelques hypothèses vygotskyennes au-delà de Vygotsky

Je vais me permettre de situer les hypothèses de Vygotsky et de Wertsch dans un contexte pragmatique plus large en portant un peu plus loin leur analyse de la structure du langage privé et en la mettant en rapport avec l'idée des différents niveaux de la structure dans les formes du langage externe du sujet, ainsi que nous l'avons indiqué. Les actes linguistiques interpersonnels présupposent un «calcul», de la part du locuteur, de l'ensemble des connaissances sur le thème de conversation que possède ou non l'auditeur. L'objectif de ce calcul (qui n'est pas nécessairement conscient) est celui de construire des émissions pertinentes. C'est-à-dire de limiter, dans la mesure du possible, l'information à des aspects nouveaux, en ne recourant à ce qui est donné que dans le cas où il est nécessaire d'ancrer la nouvelle information dans la structure cognitive préalable de l'auditeur. Clark & Clark (1977) ont établi ainsi cet espèce de «contrat implicite» par lequel les situations réelles de communication sont guidées :

> «Le contrat donné-nouveau : le locuteur accorde deux objectifs : a) employer l'information donnée pour se référer à l'information qu'il pense que l'auditeur peut identifier sans ambiguïté à partir de l'information qu'il possède au préalable, et b) employer la nouvelle information pour se référer à l'information qu'il croit être vraie mais qui n'est pas préalablement connue de l'auditeur» (p. 92).

Ceci signifie, en premier lieu, que l'organisation des émissions du locuteur dépend de ses propres présupposés à l'égard des états de connaissance de l'auditeur. Nous pourrions dire que la structure même du langage (en tant qu'activité psychologique) s'organise autour d'un noyau pragmatique, chose qui ne devrait pas nous être étrangère si nous nous situons dans une perspective vygotskyenne selon laquelle le langage trouve son origine dans les fonctions de communication et d'interaction, aussi bien en ce qui concerne son aspect macrogénétique que son aspect microgénétique.

Dès lors nous pouvons aller un peu plus loin : dans la mesure où un locuteur calcule qu'il partage une plus grande quantité d'information avec l'auditeur et qu'il a plus d'assurance sur l'information partagée, il pourra plus nettement séparer ce qui est donné de ce qui est nouveau. Au contraire, lorsque le locuteur a peu de données concernant l'état de connaissance de l'auditeur, il doit élaborer à un plus haut degré l'information, ne pouvant pas différencier avec clarté ce qui est donné de ce qui est nouveau. En bref : l'organisation du langage interpersonnel dépendra de l'ensemble des supposés et présupposés communs des interlocuteurs (ou que ceux-ci croient qu'ils ont en commun). Ces présupposés, et l'assurance qu'on a les concernant, peuvent se baser sur différents types de clés, parmi lesquelles nous pouvons énoncer les suivantes :

> 1. *Les clés thématiques* constituant la connaissance du locuteur concernant la connaissance de l'auditeur sur le thème spécifique d'interlocution.
>
> 2. *Les clés interpersonnelles* qui se réfèrent à la connaissance que possède le locuteur concernant l'auditeur lui-même et qui sont conditionnées par les situations préalables de communication, la «confiance» et les présupposés communs entre le locuteur et l'auditeur.
>
> 3. *Les clés contextuelles* qui dépendent du fait de partager ou non une situation commune au moment de la communication et du fait que l'espace et le temps de la communication sont partagés (ainsi dans les conversations téléphoniques, l'espace n'est pas partagé, et dans la communication postale ni l'espace ni le temps ne le sont).
>
> 4. *Les clés paralinguistiques concurrentes* sont celles données par les gestes et les expressions de l'auditeur ; elles permettent au locuteur d'évaluer jusqu'à quel point il est réellement en train de communiquer et dans quelle mesure il est en train d'être compris.
>
> 5. *Les clés linguistiques préalables* qui se fondent sur ce que le locuteur a déjà dit explicitement ou peut établir comme étant connu de l'auditeur à partir de ce qui a été dit ou communiqué par celui-ci.
>
> 6. *Les clés pratiques* en rapport avec ce que l'auditeur fait ou a fait par rapport à quelque chose et qui permet d'inférer les connaissances qu'il possède par rapport au «thème d'action».

En se basant sur ces clés (et en fonction de leurs propre développement, conditions personnelles et situation actuelle), les interlocuteurs agissent comme s'il répondaient systématiquement à deux questions : qu'est-ce que je crois que sait l'autre concernant ce que nous sommes en train de dire?, et avec quel degré de certitude puis-je établir cette croyance? Nous allons nous permettre d'ajouter une clause au contrat donné-nouveau, qui, selon moi, est fondamentale pour sauvegarder les possibilités de communication. Cette clause pourrait être la suivante :

> «Clause additionnelle au contrat donné-nouveau : le locuteur s'engage à ne pas éluder une information quand il n'est pas suffisamment sûr que l'auditeur la connaisse préalablement».

Ici le terme «suffisamment sûr» est, intentionnellement, ambigu. Il se réfère à un état subjectif du locuteur. Une suggestion pourrait être que le locuteur emploie, de temps à autre, la stratégie du *sondage* des états de connaissance de l'auditeur, en avançant une information nouvelle, sans être complètement sûr de celle qui est donnée chez l'auditeur (comme s'il était en train d'agir avec une confiance plus grande que celle que permettent objectivement les circonstances), dans le but de progresser plus économiquement dans la communication. Cette stratégie dépendra bien sûr des objectifs de la communication du locuteur en rapport avec l'auditeur (de son désir d'entrer en rapport plus ou moins profond avec lui) et suppose une espèce de «transgression stratégique» de la clause additionnelle du contrat donné-nouveau. La fréquence et la «gravité» de ces transgressions dépendraient de façon décisive, de mon point de vue, de l'«image subjective» (soit d'une espèce de «fantasme») que le locuteur se construit concernant l'auditeur, qui peut être très éloignée de celle correspondant aux «conditions objectives» de ce dernier. Dans la mesure où cette distance s'accroît, et que les transgressions stratégiques de la «clause additionnelle» sont plus osées, la probabilité d'occurrence d'*erreurs* dans la communication augmentera [1].

Par ailleurs, tout le processus de spéculation sur les états de connaissance et de croyance de l'interlocuteur sur la base des clés interpersonnelles, thématiques, contextuelles, etc., dépend d'un facteur génétique fondamental qui est *la capacité de décentration du locuteur;* celle-ci lui permet de se situer, à un plus haut ou à un moindre degré, dans la perspective de l'autre. Cet énoncé permet de donner une explication à quelques observations très communes en relation avec des erreurs *objectives* (et pas subjectivement ressenties) de la communication chez les enfants préopératoires. La conversation *téléphonique* entre un enfant de 3 ans et un adulte ci-après constitue un exemple de ce type de communication.

---

[1] Cependant lorsque les sondages les plus exposés ont du succès, ils approfondissent énormément la communication interpersonnelle et augmentent la «sympathie» entre les interlocuteurs.

L'adulte. — «Est-ce qu'il y a un de tes frères à la maison?».
L'enfant. — «Oui, *celui-ci*».
L'adulte. — «Qui?».
L'enfant. — «Ben... *celui-ci!*»

Il se produit ici en effet une *erreur objective* de la communication, du fait que l'adulte ne peut savoir qui est «celui-ci» étant donné qu'il ne partage pas les clés *spatiales* de l'enfant (en raison du fait qu'il s'exprime au téléphone) qui lui permettraient de lever l'ambiguïté liée à l'emploi du démonstratif «celui-ci». Cependant, l'enfant ne voit pas la cause de cette erreur et ne peut pas comprendre pourquoi l'auditeur, à son tour, ne le comprend pas.

Le commentaire antérieur pose un problème difficile, que nous ne ferons qu'énoncer ici : comment faire coexister la catégorie piagétienne de «décentration» avec la conception vygotskyenne du développement comme individuation progressive à partir d'une matrice sociale. Dans la réponse que donna Piaget à *Pensée et langage*, vingt-cinq ans après la publication du livre, une part substantielle de la réponse à ce problème s'y trouve. Dans celle-ci, Piaget reconnaissait avoir surévalué initialement les similarités entre égocentrisme et «attitude autiste» (au sens large et non technique du mot) et donnait au concept d'égocentrisme un sens plus proprement intellectuel et moins social. Cependant, il n'était pas d'accord avec l'affirmation selon laquelle le langage égocentrique a un caractère aussi social que le langage communicatif, étant donné que le langage égocentrique remplit une fonction individuelle et montre l'existence de l'égocentrisme dont nous parlions auparavant : «Lorsque Vygotsky affirme que la première fonction du langage doit être la communication globale et que le langage ultérieur se différencie en langage égocentrique et en langage communicatif proprement dits, je crois que je suis d'accord avec lui. Cependant, lorsqu'il soutient que ces deux formes linguistiques sont également socialisées et diffèrent seulement par leurs fonctions, je ne peux pas être d'accord avec lui parce que le terme de «socialisation» devient trop large dans ce contexte : si un individu A croit de manière fausse qu'un individu B pense de la même manière que A et n'essaye pas de comprendre la différence entre les deux points de vue, ceci est sans doute du comportement social dans le sens qu'il existe un contact entre les deux, mais je considère qu'une telle conduite est inadaptée du point de vue de la coopération intellectuelle» (cf. 1985, réponse de Piaget dans *Pensée et langage*, p. 393).

Mais, ainsi que nous l'avons dit, l'affirmation de Vygotsky selon laquelle le langage égocentrique a une nature sociale, avait un double sens :

un sens plus superficiel qui faisait référence au fait que l'enfant sent subjectivement ce langage comme social, un plan plus profond qui signifiait que, par le langage égocentrique, l'individu se dédouble, en reflétant en lui-même les normes d'interaction et que, de cette manière, il élabore le tissu de la conscience qui, bien qu'intrapersonnelle, est une construction sociale. C'est dans cet ultime point que j'ai l'impression que Piaget «ne le suivait pas». Cependant ce point est parfaitement compatible avec la notion de «centration» intellectuelle. De plus, dans une perspective vygotskyenne, il est parfaitement logique de supposer que la décentration est, précisément, une donnée essentielle pour l'individuation du sujet à partir de sa matrice sociale, étant donné qu'elle constitue une condition du dédoublement, base de la conscience comprise comme relation sociale intrapersonnelle. Ainsi la notion de «centration» (et même, d'égocentrisme) intellectuelle n'est pas seulement compatible avec la thèse de l'origine sociale de la conscience et des fonctions supérieures, mais lui est *favorable*.

Par ailleurs, le vécu subjectif, de la part de l'enfant, du caractère social et interpersonnel, de son propre langage égocentrique est, comme Piaget l'indique, un indice de sa difficulté de décentration, aussi clair que l'emploi d'un pronom démonstratif par téléphone sans justification contextuelle antérieure par le langage.

Mais ceci nous a conduit très loin de notre propos et il convient que nous y revenions. Pour l'instant, nous faisons le constat que la communication linguistique se fonde sur une spéculation réciproque des états de connaissance et de conscience des interlocuteurs, se basant sur l'image mutuelle, les clés thématiques, interpersonnelles, contextuelles, pratiques, linguistiques et paralinguistiques ainsi que sur la capacité, de la part de chacun des interlocuteurs, à se décentrer et à tenir compte de la perspective de l'autre. A partir de là, nous pouvons formuler l'hypothèse fondamentale à laquelle nous voulions arriver :

> «La structure du langage interpersonnel sera d'autant plus semblable à celle du langage privé que le nombre de présupposés (intrapersonnels, contextuels, etc.) et de présuppositions communes que les interlocuteurs *croient* partager (ou qu'ils estiment partager) sera plus élevé».

La justification est claire : les particularités structurales du langage intérieur sont clairement en rapport avec le fait que le sujet qui se parle partage avec lui-même *tous les présupposés possibles*. Ironiquement, nous pourrions dire que lorsqu'on se parle à soi même, il s'agit de deux personnes très unies qui se parlent. Cette comparaison légère nous aide cependant à comprendre une chose très simple, à savoir que plus les personnes sont «unies», plus l'organisation de leur langage sera proche de celui de leur langage privé.

Il est possible d'opérationnaliser empiriquement ce degré d'union grâce à l'ensemble des clés auxquelles nous nous sommes référé antérieurement. Ainsi normalement, le langage écrit s'emploie, lorsque les clés contextuelles communes sont rares ou nulles. Si nous écrivons une lettre à quelqu'un, nous ne connaissons pas exactement le contexte spatial dans lequel il se trouvera en la lisant, le moment où il la recevra, ni non plus les gestes qu'il fera au moment de la lecture, etc. Dans cette situation, étant donné l'*incertitude* (souvenons-nous de la clause additionnelle du contrat donné-nouveau) que nous avons sur les états de connaissance du lecteur, nous nous verrons obligés d'élaborer au maximum le langage, en nous éloignant des caractéristiques supposées du langage privé. Ceci arrive encore plus dans le cas où nous écrivons quelque chose (ce livre par exemple) dont le récepteur dans notre conscience est en fait une sorte de «sujet universel» et non pas une personne concrète, de chair et d'os, dont le nom et les caractéristiques personnelles nous sont connus. En écrivant ce texte, j'ignorais par exemple les conditions spatiales et temporelles, les connaissances préalables, les conditions personnelles de celui qui est en train de le lire en ce moment. Il a certainement fallu que je «particularise» quelque peu ce sujet universel. Ainsi je supposais qu'il connaîtrait quelque peu la psychologie et que les thèmes abordés l'intéresseraient. J'ai donc supposé que le lecteur aurait quelques connaissances antérieures (même limitées) en philosophie, en histoire de la psychologie, et en linguistique (comme, par exemple, que serait à l'avance connu du lecteur ce qu'est un «composant phonologique» du langage). Mais pendant que j'écrivais, je me représentais de façon floue, mon interlocuteur; c'était quelqu'un avec qui je sympathisais de façon plutôt diffuse, sympathie qui se fondait sur la supposition, très incertaine, que nous partagions certaines inclinations. Je suppose que si le lecteur est parvenu jusqu'ici c'est parce que je ne me suis pas beaucoup trompé dans mes prévisions. Il est probable que ceux qui ne correspondaient pas aux suppositions énoncées antérieurement (comme, par exemple, avoir de l'intérêt pour ce domaine ou maîtriser un certain nombre de connaissances préalables) auront déjà abandonné, et ceci dès les premières pages, la lecture de ce livre.

En tout cas, mon sujet de communication était tellement imprécis que je me suis vu obligé d'élaborer les idées plus que je ne l'aurais fait si j'avais parlé avec une personne en chair et en os. L'organisation du langage écrit est, dans ce cas, très différente de celle du langage intérieur : ce qui, dans celui-ci, est elliptique, suppression de certaines parties, prédominance du sens et de la prédication dans les contenus, ainsi que «désorganisation» grammaticale, se convertit, dans ce livre, en prédominance de significations conventionnelles, organisation formelle, formulation déterminée, élaboration développée et ponctualisation des thèmes et du sujet logique, etc. Tout ceci est dû au fait que, comme le dit Vygotsky, «la communication écrite repose sur la signification formelle des mots et requiert un nombre bien plus élevé de vocables que le langage oral pour exprimer la même idée. Elle est dirigée vers une personne absente qui a rarement à l'esprit le même thème que l'auteur. Pour cela, on doit expliquer de manière totale et utiliser des expressions qui seraient moins naturelles dans la conversation» (1934/1977, *Pensée et langage*, p. 184). Il arrive, en définitive, que le langage écrit se construise fréquemment sans le substrat de clés thématiques, interpersonnelles, paralinguistiques, linguistiques, contextuelles et pratiques qui sont le support des situations de dialogue et, à un degré plus élevé, de celles du «dialogue à soi-même», si nous pouvons nous permettre cette étrange expression (qui cependant se justifie).

Ainsi nous avons un continuum qui situe, à l'un de ses extrêmes, les formes les plus idiosyncrasiques du langage intérieur, et à l'autre, celles les plus élaborées et universelles du langage écrit. Entre les deux, il y a le langage oral interpersonnel qui constitue la base génétique de l'un et de l'autre et dont les formes sont très variables en fonction de l'ensemble des facteurs (clés de tous ordres, stratégies de communication, prérequis de décentration, assurance quant aux suppositions au sujet de l'autre, etc.) auxquels nous nous sommes référé. S'il en est ainsi, s'offre une excellente opportunité qui est celle d'*objectiver, dans l'étude du dialogue (et non plus seulement du monologue) les caractéristiques du langage intrapersonnel.* La base théorique sur laquelle repose cette possibilité est que tout langage (y compris le plus caché dans les «sphères» privées de la conscience) est, en réalité, une forme de dialogue, étant donné que la conscience a elle-même une structure dialogique. Cette hypothèse vygotskyenne (qui n'est cependant pas formulée explicitement par Vygotsky) demande à être vérifiée par l'analyse des modifications sur les variables dépendantes de type structural (telles que celles établies par Vygotsky dans son analyse du langage intérieur) en fonction des changements contrôlés au niveau des clés objectives qui donnent lieu à des suppositions plus ou moins communes et sûres, dans les situations de dialogue.

Chapitre XIV
Les critiques faites à Vygotsky et la période de long silence de la psychologie soviétique

Après la mort de Vygotsky, le destin de *Pensée et langage*, constitue une parfaite illustration des difficultés énormes par lesquelles passa la psychologie soviétique à partir de 1936. Au cours de cette année 1936, le livre disparut de la circulation, bien qu'officiellement il ne fût pas interdit. Ce ne fut qu'en 1956 qu'il parut à nouveau dans une nouvelle édition. Dans cette édition, la préface de Kolbanovsky (qui fut directeur de l'Institut de Psychologie à la suite de Kornilov) fut remplacée par une autre préface, rédigée par Luria et Léontiev, préface qui présentait quelques changements par rapport à l'original de 1934. La traduction anglaise de 1962 — par laquelle l'œuvre fut connue en Occident — présentait encore plus de modifications : des 350 pages de l'édition originale, 150 avaient disparu. Luria, qui avait participé à l'élaboration de ce «résumé pour l'Occident», justifiait ces changements par la nécessité d'organiser et d'élaborer ce qui, selon lui, avait été une expression prématurée de la pensée de Vygotsky, pensée qui était encore en développement à la mort de ce dernier, et spécialement par l'exigence de réinstaurer le dialogue entre les membres de l'Ecole de Moscou et les psychologues occidentaux; à cette fin, tous les aspects pouvant obstruer ce dialogue (par exemple, nombre de ceux en rapport avec la pensée marxiste) avaient été éliminés. Je ne sais si Luria eut raison; ce qui est certainement vrai, c'est que ces événements constituent un exemple évident de ce qui arriva à l'œuvre de Vygotsky après sa mort : ce fut d'abord un long silence. Il y eut ensuite une connaissance très indirecte (surtout en Occident) de composantes partielles et modifiées de l'œuvre de Vygotsky, dont les sources sont restées inaccessibles jusqu'à 1982, au moment où, en russe, les œuvres complètes commencèrent à être publiées. Ceci donne l'impression que l'image de Vygotsky se transforma dans ce processus et qu'elle devint celle d'un *psychologue théoricien* du développement, dont la préoccupation essentielle pour les processus éducatifs concrets, la pédagogie et la psychologie était oubliée (Mecacci, 1983).

En réalité, la «disparition» de *Pensée et langage* en 1936, était en rapport avec un changement essentiel concernant la situation de la psychologie soviétique cette année-là. Nous pouvons mettre en rapport ce changement avec deux événements fondamentaux et très liés : la résolution du Comité Central du Parti Communiste soviétique contre la pédologie et, surtout, la formulation du Projet de Constitution de l'URSS qui constituait en fait un élément historique essentiel dans la cristallisation du projet stalinien. Vygotsky, comme le furent Blonsky, Zalkind et Basov, fut naturellement l'un des théoriciens impliqués dans la résolution contre la pédologie. Il s'agissait curieusement des psychologues présentant les conceptions les plus clairement dialectiques. Le nom de Vygotsky devint alors tabou et les membres de l'Ecole historico-culturelle eurent ultérieurement quelques difficultés. En fait, sous-jacente à la résolution «contre les déviations de la pédologie dans les Commissariats à l'Education» (c'était ainsi que l'on qualifiait la résolution du 4 juillet 1936), s'exprimait une tendance historique beaucoup moins ponctuelle et d'une portée historique plus grande que celle que pouvait avoir l'élimination de la pédologie : il s'agissait de la tendance au centralisme, à l'homogénéisation et au contrôle qui, dans les dernières années de la vie de Vygotsky, s'annonçait déjà. Lorsque celui-ci mourut, en 1934, toutes les revues consacrées à la psychologie en tant que science indépendante avaient déjà disparu : *Psychologie* en 1932, *Pédologie* durant cette même année, et ensuite *Psychotechnique* et *Problèmes d'Investigation et d'Education de la personnalité*. La psychologie fut l'une des sciences les plus affectées par le contrôle rigide institué sous prétexte de «pureté idéologique». Un groupe de jeunes membres de l'Institut de Psychologie (Talankin, Shemiakin, Kogan et Vvedenov) furent chargés du contrôle : pratiquement toutes les écoles de psychologie furent accusées d'antimarxisme. Naturellement, ceci fut aussi le destin de l'Ecole historico-culturelle. Ananiev, qui avait rejeté avec force sa formation réflexologique antérieure, indiquait que la théorie de Vygotsky conduisait objectivement «à une révision du matérialisme historique», de type idéaliste. Dans la revue *Psychologie* (en 1931, alors qu'elle existait encore), Gmurman avait déjà fait cette critique, en indiquant que Vygotsky «inventait une nature psychologique abstraite». Mais, à partir de 1936, les critiques se firent plus violentes : dans un livre de Rudevna sur *Les distorsions pédologiques de Vygotsky*, dont la publication eut lieu en 1937, *Pensée et langage* était accusé d'«antimarxisme». Ce qui se produisait, en fait, c'était que la pensée marxiste libre était en train de succomber sous le poids du dirigisme et du contrôle, et il était évident que Vygotsky n'était pas un «marxiste domesticable». La raison fondamentale de ces critiques tenait en réalité au fait qu'il avait pensé par lui-même d'un point de vue dialectique au lieu de citer directement Marx et Engels ou de se limiter à ce qu'ils avaient dit.

Il y eut également des critiques plus sérieuses. Celle de Rubinstein (1974) mérite d'être citée; elle mettait le doigt sur un problème réel de la conception de Vygotsky : si les fonctions supérieures proviennent de l'intériorisation de l'interaction et de l'action elle-même, comment pouvons-nous expliquer la microgenèse interne d'une activité qui, à son origine, n'est pas intériorisée?

«Toute activité matérielle *externe* de l'homme — disait Rubinstein — contient déjà en *elle-même* des composantes psychiques (phénomènes, processus) au moyen desquels celle-ci se régule» (p. 354). Ceci nous conduirait à parler de divers plans ou niveaux d'intériorisation. Mais, lorsque Rubinstein a soulevé ce problème, Vygotsky avait déjà disparu. La mise sous le boisseau de l'œuvre de Vygotsky eut une influence tout à fait négative sur la psychologie soviétique qui la redécouvre aujourd'hui et qui commence à mesurer la puissance projective de cette pensée.

Il est certain qu'en de nombreux aspects, Vygotsky paraît avoir été de loin en avance sur notre propre temps.

Références

BAUER, R.A. (1959), *The new man in Soviet psychology*, Cambridge, Harvard University Press.
BECHTEREV, V.M. (1925), *Psichologiia, refleksologiia i marksizsm* (Psychologie, réflexologie et marxisme), Léningrad.
BELMONT, J.M., & BUTTERFIELD, E.C. (1969), «The relation of short-term memory to development and intelligence», in LIPSITT L.P. & REESE H.W. (éd.), *Advances in Child Development and Behavior*, vol. 4, New York, Academic Press.
BELMONT, J.M. & BUTTERFIELD, E. (1971), «Learning strategies as determinants of memory deficiences», *Cognitive Psychology*, 2, 411-420.
BOLTON, N. (1972), *The psychology of thinking*, Londres, Methuen.
BROWN, A.L. (1982), «Learning and development : the problems of compatibility, access and induction», *Human Development*, 25, 89-115.
BROWN, A.L., CAMPIONE, J.C., BRAY, N.W. & WILCOX, B.L. (1973), «Keeping track of changing variables : effects of rehearsal training and rehearsal prevention in normal and retarded adolescents», *Journal of Experimental Psychology*, 101, 123-131.
BRUNER, J.S. (1985), «Vygotsky : a historical and conceptual perspective», in J.V. WERTSCH (éd.), *Culture, communication and cognition*, New York, Cambridge University Press, 21-35.
CLARK, H.H. & CLARK, E.V. (1977), *Psychology and Language*, New York, Harcourt Brace Jovanovich.
COLE, M. (1977) (éd.), *Soviet developmental psychology*, New York, Sharpe.
COLE, M. (1985), «The zone of proximal development : where culture and cognition create each other», in J.V. WERTSCH (éd.), *Culture, communication and cognition*, New York, Cambridge University Press, 146-161.
COLE, M. & SCRIBNER, S. (1978), Introduction, in L.S. VYGOTSKY, *Mind in society*, Cambridge, Harvard University Press.
DAVYDOV, V.V. (1982), Commentaires in «The Mozart of psychology» in LEVITIN K. (éd.) *One is not born a personality*, Moscou, Progress Publishers.
DAVYDOV, V.V. & RADZIKHOVSKII, L.A. (1980), «Teorija L.S.V. i dejatel'nostij podchod v psichologii» («La théorie de L.S.V. et le point de vue de l'activité en psychologie»), *Voprosy Psichologii*, 6, 48-59.

DOBKIN, S. (1982), «Ages and days. Semyon Dobkin's reminiscences», in LEVITIN K. (éd.) *One is not born a personality*, Moscou, Progress Publishers.
ELLIS, N.R. (1970), «Memory processes in retardates and normals», in N.R. ELLIS, (éd.) *International Review of Research in Mental Retardation*, vol. 4, New York, Academic Press.
ENGELS, F. (1952), *Dialectique de la nature*, Paris, Ed. Sociales.
FERNANDEZ-TRESPALACIOS, J.L. (1978, décembre), «La psicología soviética en contradicción a la psicología norteamericana», Boletín informativo de la fundación Juan March, Madrid, 3-16.
FLAVELL, J.V. & WELLMAN, H.M. (1977), «Metamemory», in R.V. KAIL & J.W. HAGEN (éd.), *Perspectives on the development of memory and cognition*, Hillsdale, N.J. Lawrence Erlbaum.
ILYENKOV, E.V. (1977), *Dialectical logic. Essays on its history and theory*, Moscou, Progress Publishers.
KORNILOV, K.N. (1925) (éd.), *Pischologiia i marksiszm* (Psychologie et marxisme), Moscou-Léningrad, Gosizdat.
KORNILOV, K.N. (1926), *Ouchebnik psichologii izlochennoi s tochki zrenia dialekticheskovo materializma* (Manuel de psychologie sur la base du matérialisme dialectique), Léningrad.
KORNILOV, K.N. (1927), *Sovrenennoie sostoyanie psichologii v SSSR. Pod znanienien marksiszma* (L'état actuel de la psychologie en Union soviétique. Sous le drapeau du marxisme»), Léningrad.
KOZULIN, A. (1983), Avertissement de «La signification historique de la crise de la Psychologie», in *Studies in Soviet Thought*, 26, 249-256.
KOZULIN, A. (1984), *Psychology in utopia. Toward a social history of soviet psychology*, Cambridge, Mass, The MIT Press.
L.C.H.C. (1979), (Laboratory of Comparative Human Cognition), «What's cultural about cross-cultural cognitive psychology», *Annual Review of Psychology*, 30, 145-172.
LENINE, V.I., (1970), *Matérialisme et empiriocriticisme : notes critiques sur une philosophie réactionnaire*, Moscou, Ed. du Progrès.
LEONTIEV, A.N. (1925/1971), Introduction in L.S. VYGOTSKY, *The psychology of Art*, Cambridge, M.I.T. Press.
LEONTIEV, A.N. (1982), «One is not born a personality!», An interview with Alexei Léontiev, in K. LEVITIN, *One is not born a personality*, Moscou, Progress Publishers, 110-126.
LEONTIEV, A.N. (1976), *Le développement du psychisme*, Paris, Ed. Sociales.
LEVITIN, K. (1982), «Lev Vygotski. A biographical profile», in K. LEVITIN (éd.), *One is not born a personality*, Moscou, Progress Publishers.
LOCK, A. (1978), (éd.) *Action, gesture and symbol : the emergence of language*, New York, Academic Press.
LURIA, A.R. (1968), «Vygotski y las funciones psíquicas superiores», in A.R. LURIA, MASSUCCO et al. *Problemática científica de la psicología actual*, Buenos Aires, Orbelus.
LURIA, A.R. (1976), *Cognitive development*, Cambridge, Harvard University Press.
LURIA, A.R. (1979), *The making of mind. A personal account of Soviet psychology*, Cambridge, Mass., Harvard University Press.
LURIA, A.R. (1979), *Conciencia y lenguaje*, Madrid, Pablo del Río, Visor-Aprendizaje, 1984.
MANACORDA, M.A. (1979), «La pedagogía di Vygotski», *Riforma della Scuola*, 26, 31-39.
MASSUCCO, A. (1977), *Psychologie soviétique*, Paris, Payot.
MECACCI, L. (1979), «Vygotskij : per una psicologia dell'uomo», *Riforma della scuola*, 26, 24-30.
MECACCI, L. (1983), *Vygotskij. Antologia di scritti*, Bologne, Il Mulino.
MERLEAU-PONTY, M. (1969), *Filosofía y lenguaje*, Buenos Aires, Proteo.
OCHS, E. & SCHIEFFELIN, B.B. (1979), (éd.), *Developmental pragmatics*, New York, Academic Press.
PIAGET, J. (1985), «Commentaires sur les remarques critiques de Vygotsky concernant le langage et la pensée chez l'enfant et le jugement et le raisonnement chez l'enfant» (1962), in L.S. VYGOTSKY, *Pensée et langage*, Paris, Ed. Sociales.

REFERENCES

RADZIKHOSVKII, L.A. & JOMSKAYA, E.D. (1981), «A.R. Luria and L.S. Vygotski : Early years of their collaboration», *Soviet Psychology*, 20, (I), 3-19.
RAHMANI, L. (1973), *Soviet psychology. Philosophical, theoretical and experimental issues*, New York, International Universities Press.
RIVIERE, A. (1983), «Interacción y símbolo en autistas», *Infancia y Aprendizaje*, 22, 3-25.
RUBINSTEIN, S. (1974), *El desarrollo de la psicología. Principios y métodos*, Buenos Aires, Grijalbo.
SCHEDROVITSKY, G. (1982), Commentaires in «The Mozart of psychology», in K. LEVITIN (éd.), *One is not born a personality*, Moscou, Progress Publishers.
SCHNEUWLY, D. & BRONCKART, J.P. (1985), *Vygotsky aujourd'hui*, Neuchâtel-Paris, Delachaux & Niestlé.
SPINOZA, B. (1977), *Ethique : demontrée suivant l'ordre géométrique et divisée en cinq parties*, Paris, Vrin.
STEINER, V. & SOUBERMAN, E. (1979), «Epílogo de Vygotski, L.S.», *El desarrollo de los procesos psicológicos superiores*, Barcelona, Crítica.
TOULMIN, S. (1978, septembre), «The Mozart of psychology», *The new York Review of Books*.
VYGOTSKY, L.S. (1925/1971), *The psychology of art*, Cambridge, MIT Press.
VYGOTSKY, L.S. (1926/1984), «El método de investigación reflexológica y psicológica», *Communication au IIe congrès panrusse de psychoneurologie*, Léningrad, 2 janvier 1924, Infancia y Aprendizaje, 27/28, 87-104.
VYGOTSKY, L.S. (1925/1976), «Consciousness as a problem in the psychology of behavior», *Soviet Psychology*, XVII, 4, 3-36
VYGOTSKY, L.S. (1982), *Istoriokij smysl psichologiceskogo krizisa* (La signification historique de la crise de la psychologie), in L.S. VYGOTSKY, *Sobranie Socinenij* (Œuvres choisies), Moscou, Pedagogika, 291-436.
VYGOTSKY, L.S. (1982), *Sobranie socinenij* (Œuvres choisies), Vol. I et II, Moscou, Pedagogika.
VYGOTSKY, L.S. (1931/1974), *Storia dello sviluppo delle funzioni psichiche superiori e altri scritti*, Florence, Giunti-Barbera.
VYGOTSKY, L.S. (1934/1977), *Pensamiento y lenguaje*, Buenos Aires, La Pléyade.
VYGOTSKY, L.S. (1934/1977), *Pensée et langage*, Paris, Ed. Sociales.
VYGOTSKY, L.S. (1977, avril-juin), «From the notebooks of L.S. Vygotsky», *Moscow University Record-Psychology*, séries XV, 89-95.
VYGOTSKY, L.S. (1931/1978), «Problems of method», *Mind in society*, Harvard University Press, Cambridge, Massachusetts.
VYGOTSKY, L.S. (1930 /1978), «Tool and symbol in child development», *Mind in society*, Harvard University Press, Cambridge, Massachusetts.
VYGOTSKY, L.S. (1931 /1978), «Internalization of higher psychological functions», *Mind in society*, Harvard University Press, Cambridge, Massachusetts.
VYGOTSKY, L.S. (1934 /1978), «Interaction between learning and development», *Mind in society*, Harvard University Press, Cambridge, Massachusetts.
VYGOTSKY, L.S. (1934/1983), «La psicologia e la teoria della localizzazione delle funzioni psichiche», in L.S. VYGOTSKY, *Antologia di scritti a cura di Luciano Mecacci*, Bologne, Il Mulino.
VYGOTSKY, L.S. (1983), *La imaginación y el arte en la infancia*, Madrid, Akal.
VYGOTSKY, L.S. (1930/1985a), «La méthode instrumentale en psychologie», in B. SCHNEUWLY & J.P. BRONCKART, *Vygotsky aujourd'hui*, Neuchâtel-Paris, Delachaux & Niestlé, 39-47.
VYGOTSKY, L.S. (1931/1985b), «Les bases épistémologiques de la psychologie», in B. SNCHEUWLY & J.P. BRONCKART, *Vygotsky aujourd'hui*, Neuchâtel-Paris, Delachaux & Niestlé, 25-38.
VYGOTSKY, L.S. & LURIA, A.R. (1930), *Etudi po istorii povedenija. Obezjana. Primitiv. Rebenok* (Etudes sur l'histoire du comportement. Le singe. L'homme primitif. L'enfant), Moscou-Léningrad, GIZ.
WERTSCH, J.V. (1979), «The regulation of human action and the given-new structure of private speech», in G. ZIVIN (éd.) *The development of self-regulation through private speech*, New York, Wiley.

WERTSCH, J.V. (1981) (éd.) *The concept of activity in Soviet psychology*, White Plains, Sharpe.
WING, L. (1981), «Language, social and cognitive impairments in autism and severe mental retardation», *Journal of Autism and Developmental Disorders*, *11*, 31-44.
WITTGENSTEIN, L. (1961), *Tractatus logico-philosophicus*, Paris, Gallimard.
WITTGENSTEIN, L. (1980), *Le cahier bleu et le cahier brun : études préliminaires aux investigations philosophiques*, Paris, Gallimard.
YAROSHEVSKI, M. (1982), Commentaires in «The Mozart of psychology», in LEVITIN K. (éd.), *One is not born a personality*, Moscou, Progress Publishers.

Table des matières

PRESENTATION 5

1. TRAVAUX SUR LES FONDEMENTS EPISTEMOLOGIQUES
   ET METHODOLOGIQUES DE L'ŒUVRE VYGOTSKYENNE 8
   A. L'activité 8
   B. Les unités d'analyse 8
   C. La médiation 10

2. LA MEDIATION SEMIOTIQUE DE LA VIE MENTALE 12
   A. Le langage égocentrique 12
   B. L'activité langagière 14
   C. Autres activités médiatisées 16

3. LES ORIGINES INTERPSYCHIQUES DE L'ACTIVITE MENTALE 17
   A. L'éducation informelle 18
   B. L'éducation formelle 19
   C. L'éducation spéciale 20

CONCLUSION 21

BIBLIOGRAPHIE 22

INTRODUCTION 25

CHAPITRE I
Notes biographiques : La période de formation 29

CHAPITRE II
La psychologie soviétique des années vingt : ses antécédents
et sa situation 43

CHAPITRE III
Réflexes et conscience : apports critiques de Vygotsky à la recherche
d'une psychologie dialectique 49

CHAPITRE IV
La crise de la psychologie et l'apport métathéorique de Vygotsky ... 57

CHAPITRE V
L'activité instrumentale et l'interaction comme unité d'analyse
de la psychologie des fonctions supérieures 69

CHAPITRE VI
Les études expérimentales sur la genèse et la variabilité culturelle
des fonctions supérieures. La méthode génétique expérimentale 79

CHAPITRE VII
Les relations entre apprentissage et développement. La «zone proximale
du développement» 89

CHAPITRE VIII
Les conceptions éducatives de Vygotsky et ses apports à la pédologie
et à la défectologie 97

CHAPITRE IX
L'union soviétique au début des années trente et quelques-unes
des critiques faites à Vygotsky 105

CHAPITRE X
Le développement en tant que processus historique : les apports
de Vygotsky à une théorie générale du développement 109

CHAPITRE XI
L'ébauche d'une théorie de l'organisation neurophysiologique
des fonctions supérieures et les intérêts neuropsychologiques
de Vygotsky 115

CHAPITRE XII
Pensée et parole : la conception sémiotique de la conscience, la genèse,
la structure et la fonction du langage intérieur 121

CHAPITRE XIII
Quelques hypothèses vygotskyennes au-delà de Vygotsky 135

CHAPITRE XIV
Les critiques faites à Vygotsky et la période de long silence
de la psychologie soviétique 143

REFERENCES 147

CHEZ LE MEME EDITEUR

PSYCHOLOGIE ET SCIENCES HUMAINES
collection publiée sous la direction de MARC RICHELLE

1 Dr Paul Chauchard: LA MAITRISE DE SOI, 9e éd.
5 François Duyckaerts: LA FORMATION DU LIEN SEXUEL, 9e éd.
7 Paul-A. Osterrieth: FAIRE DES ADULTES, 16e éd.
9 Daniel Widlöcher: L'INTERPRETATION DES DESSINS D'ENFANTS, 9e éd.
11 Berthe Reymond-Rivier: LE DEVELOPPEMENT SOCIAL DE L'ENFANT ET DE L'ADOLESCENT, 9e éd.
12 Maurice Dongier: NEVROSES ET TROUBLES PSYCHOSOMATIQUES, 7e éd.
15 Roger Mucchielli: INTRODUCTION A LA PSYCHOLOGIE STRUCTURALE, 3e éd.
16 Claude Köhler: JEUNES DEFICIENTS MENTAUX, 4e éd.
21 Dr P. Geissmann et Dr R. Durand: LES METHODES DE RELAXATION, 4e éd.
22 H. T. Klinkhamer-Steketée: PSYCHOTHERAPIE PAR LE JEU, 3e éd.
23 Louis Corman: L'EXAMEN PSYCHOLOGIQUE D'UN ENFANT, 3e éd.
24 Marc Richelle: POURQUOI LES PSYCHOLOGUES?, 6e éd.
25 Lucien Israel: LE MEDECIN FACE AU MALADE, 5e éd.
26 Francine Robaye-Geelen: L'ENFANT AU CERVEAU BLESSE, 2e éd.
27 B.F. Skinner: LA REVOLUTION SCIENTIFIQUE DE L'ENSEIGNEMENT, 3e éd.
28 Colette Durieu: LA REEDUCATION DES APHASIQUES
29 J.C. Ruwet: ETHOLOGIE: BIOLOGIE DU COMPORTEMENT, 3e éd.
30 Eugénie De Keyser: ART ET MESURE DE L'ESPACE
32 Ernest Natalis: CARREFOURS PSYCHOPEDAGOGIQUES
33 E. Hartmann: BIOLOGIE DU REVE
34 Georges Bastin: DICTIONNAIRE DE LA PSYCHOLOGIE SEXUELLE
35 Louis Corman: PSYCHO-PATHOLOGIE DE LA RIVALITE FRATERNELLE
36 Dr G. Varenne: L'ABUS DES DROGUES
37 Christian Debuyst, Julienne Joos: L'ENFANT ET L'ADOLESCENT VOLEURS
38 B.-F. Skinner: L'ANALYSE EXPERIMENTALE DU COMPORTEMENT, 2e éd.
39 D.J. West: HOMOSEXUALITE
40 R. Droz et M. Rahmy: LIRE PIAGET, 3e éd.
41 José M.R. Delgado: LE CONDITIONNEMENT DU CERVEAU ET LA LIBERTE DE L'ESPRIT
42 Denis Szabo, Denis Gagné, Alice Parizeau: L'ADOLESCENT ET LA SOCIETE, 2e éd.
43 Pierre Oléron: LANGAGE ET DEVELOPPEMENT MENTAL, 2e éd.
44 Roger Mucchielli: ANALYSE EXISTENTIELLE ET PSYCHOTHERAPIE PHENOMENO-STRUCTURALE
45 Gertrud L. Wyatt: LA RELATION MERE-ENFANT ET L'ACQUISITION DU LANGAGE, 2e éd.
46 Dr Etienne De Greeff: AMOUR ET CRIMES D'AMOUR
47 Louis Corman: L'EDUCATION ECLAIREE PAR LA PSYCHANALYSE
48 Jean-Claude Benoit et Mario Berta: L'ACTIVATION PSYCHOTHERAPIQUE
49 T. Ayllon et N. Azrin: TRAITEMENT COMPORTEMENTAL EN INSTITUTION PSYCHIATRIQUE
50 G. Rucquoy: LA CONSULTATION CONJUGALE
51 R. Titone: LE BILINGUISME PRECOCE
52 G. Kellens: BANQUEROUTE ET BANQUEROUTIERS
53 François Duyckaerts: CONSCIENCE ET PRISE DE CONSCIENCE
54 Jacques Launay, Jacques Levine et Gilbert Maurey: LE REVE EVEILLE-DIRIGE ET L'INCONSCIENT
55 Alain Lieury: LA MEMOIRE
56 Louis Corman: NARCISSISME ET FRUSTRATION D'AMOUR
57 E. Hartmann: LES FONCTIONS DU SOMMEIL

58 Jean-Marie Paisse: L'UNIVERS SYMBOLIQUE DE L'ENFANT ARRIERE MENTAL
59 Jacques Van Rillaer: L'AGRESSIVITE HUMAINE
60 Georges Mounin: LINGUISTIQUE ET TRADUCTION
61 Jérôme Kagan: COMPRENDRE L'ENFANT
62 Michael S. Gazzaniga: LE CERVEAU DEDOUBLE
63 Paul Cazayus: L'APHASIE
64 X. Seron, J.L. Lambert, M. Van der Linden:
LA MODIFICATION DU COMPORTEMENT
65 W. Huber: INTRODUCTION A LA PSYCHOLOGIE DE LA PERSONNALITE, 2ᵉ éd.
66 Emile Meurice: PSYCHIATRIE ET VIE SOCIALE
67 J. Château, H. Gratiot-Alphandéry, R. Doron et P. Cazayus:
LES GRANDES PSYCHOLOGIES MODERNES
68 P. Sifnéos: PSYCHOTHERAPIE BREVE ET CRISE EMOTIONNELLE
69 Marc Richelle: B.F. SKINNER OU LE PERIL BEHAVIORISTE
70 J.P. Bronckart: THEORIES DU LANGAGE
71 Anika Lemaire: JACQUES LACAN, 2ᵉ éd. *revue et augmentée*
72 J.L. Lambert: INTRODUCTION A L'ARRIERATION MENTALE
73 T.G.R. Bower: DEVELOPPEMENT PSYCHOLOGIQUE
DE LA PREMIERE ENFANCE
74 J. Rondal: LANGAGE ET EDUCATION
75 Sheila Kitzinger: PREPARER A L'ACCOUCHEMENT
76 Ovide Fontaine: INTRODUCTION AUX THERAPIES COMPORTEMENTALES
77 Jacques-Philippe Leyens: PSYCHOLOGIE SOCIALE, 2ᵉ éd.
78 Jean Rondal: VOTRE ENFANT APPREND A PARLER
79 Michel Legrand: LE TEST DE SZONDI
80 H.J. Eysenck: LA NEVROSE ET VOUS
81 Albert Demaret: ETHOLOGIE ET PSYCHIATRIE
82 Jean-Luc Lambert et Jean A. Rondal: LE MONGOLISME
83 Albert Bandura: L'APPRENTISSAGE SOCIAL
84 Xavier Seron: APHASIE ET NEUROPSYCHOLOGIE
85 Roger Rondeau: LES GROUPES EN CRISE?
86 J. Danset-Léger: L'ENFANT ET LES IMAGES
DE LA LITTERATURE ENFANTINE
87 Herbert S. Terrace: NIM, UN CHIMPANZE QUI A APPRIS
LE LANGAGE GESTUEL
88 Roger Gilbert: BON POUR ENSEIGNER?
89 Wing, Cooper et Sartorius: GUIDE POUR UN EXAMEN PSYCHIATRIQUE
90 Jean Costermans: PSYCHOLOGIE DU LANGAGE
91 Françoise Macar: LE TEMPS, PERSPECTIVES PSYCHOPHYSIOLOGIQUES
92 Jacques Van Rillaer: LES ILLUSIONS DE LA PSYCHANALYSE, 2ᵉ éd.
93 Alain Lieury: LES PROCEDES MNEMOTECHNIQUES
94 Georges Thinès: PHENOMENOLOGIE ET SCIENCE DU COMPORTEMENT
95 Rudolph Schaffer: COMPORTEMENT MATERNEL
96 Daniel Stern: MERE ET ENFANT, LES PREMIERES RELATIONS
97 R. Kempe & C. Kempe: L'ENFANCE TORTUREE
98 Jean-Luc Lambert: ENSEIGNEMENT SPECIAL ET HANDICAP MENTAL
99 Jean Morval: INTRODUCTION A LA PSYCHOLOGIE DE L'ENVIRONNEMENT
100 Pierre Oleron et al.: SAVOIRS ET SAVOIR-FAIRE PSYCHOLOGIQUES
CHEZ L'ENFANT
101 Bernard I. Murstein: STYLES DE VIE INTIME
102 Rondal/Lambert/Chipman: PSYCHOLINGUISTIQUE ET HANDICAP MENTAL
103 Brédart/Rondal: L'ANALYSE DU LANGAGE CHEZ L'ENFANT
104 David Malan: PSYCHODYNAMIQUE ET PSYCHOTHERAPIE INDIVIDUELLE
105 Philippe Muller: WAGNER PAR SES REVES
106 John Eccles: LE MYSTERE HUMAIN
107 Xavier Seron: REEDUQUER LE CERVEAU
108 Moreau/Richelle: L'ACQUISITION DU LANGAGE
109 Georges Nizard: ANALYSE TRANSACTIONNELLE ET SOIN INFIRMIER

110 Howard Gardner: GRIBOUILLAGES ET DESSINS D'ENFANTS, LEUR SIGNIFICATION
111 Wilson/Otto: LA FEMME MODERNE ET L'ALCOOL
112 Edwards: DESSINER GRACE AU CERVEAU DROIT
113 Rondal: L'INTERACTION ADULTE-ENFANT
114 Blancheteau: L'APPRENTISSAGE CHEZ L'ANIMAL
115 Boutin: FORMATION ET DEVELOPPEMENTS
116 Húsen: L'ECOLE EN QUESTION
117 Ferrero/Besse: L'ENFANT ET SES COMPLEXES
118 R. Bruyer: LE VISAGE ET L'EXPRESSION FACIALE
119 J.P. Leyens: SOMMES-NOUS TOUS DES PSYCHOLOGUES?
120 J. Château: L'INTELLIGENCE OU LES INTELLIGENCES?
121 M. Claes: L'EXPERIENCE ADOLESCENTE
122 J. Hayes et P. Nutman: COMPRENDRE LES CHOMEURS
123 S. Sturdivant: LES FEMMES ET LA PSYCHOTHERAPIE
124 A. Pomerleau et G. Malcuit: L'ENFANT ET SON ENVIRONNEMENT
125 A. Van Hout et X. Seron: L'APHASIE DE L'ENFANT
126 A. Vergote: RELIGION, FOI, INCROYANCE
127 Sivadon/Fernandez-Zoïla: TEMPS DE TRAVAIL, TEMPS DE VIVRE
128 Born: JEUNES DEVIANTS OU DELINQUANTS JUVENILES?
129 Hamers/Blanc: BILINGUALITE ET BILINGUISME
130 Legrand: PSYCHANALYSE, SCIENCE, SOCIETE
131 Le Camus: PRATIQUES PSYCHOMOTRICES
132 Lars Fredén: ASPECTS PSYCHOSOCIAUX DE LA DEPRESSION
133 Mount: LA FAMILLE SUBVERSIVE
134 Magerotte: MANUEL D'EDUCATION COMPORTEMENTALE CLINIQUE
135 Dailly/Moscato: LATERALISATION ET LATERALITE CHEZ L'ENFANT
136 Bonnet/Tamine-Gardes: QUAND L'ENFANT PARLE DU LANGAGE
137 Bruyer: LES SCIENCES HUMAINES ET LES DROITS DE L'HOMME
138 Taulelle: L'ENFANT A LA RENCONTRE DU LANGAGE
139 de Boucaud: PSYCHOLOGIE DE L'ENFANT ASTHMATIQUE
140 Duruz: NARCISSE EN QUETE DE SOI
141 Feyereisen/de Lannoy: PSYCHOLOGIE DU GESTE
142 Florin et al.: LE LANGAGE A L'ECOLE MATERNELLE
143 Debuyst: MODELE ETHOLOGIQUE ET CRIMINOLOGIE
144 Ashton/Stepney: FUMER
145 Winkel et al.: L'IMAGE DE LA FEMME DANS LES LIVRES SCOLAIRES
146 Bideaud/Richelle: PSYCHOLOGIE DEVELOPPEMENTALE
147 Schmid-Kitsikis: THEORIE CLINIQUE ET FONCTIONNEMENT MENTAL
148 Guggenbühl/Craig: POUVOIR ET RELATION D'AIDE
149 Rondal: LANGAGE ET COMMUNICATION CHEZ LES HANDICAPES MENTAUX
150 Moscato et al.: FONCTIONNEMENT COGNITIF ET INDIVIDUALITE
151 Château: L'HUMANISATION OU LES PREMIERS PAS DES VALEURS HUMAINES
152 Avery/Litwack: NEE TROP TOT
153 Rondal: LE DEVELOPPEMENT DU LANGAGE CHEZ L'ENFANT TRISOMIQUE 21
154 Kellens: QU'AS-TU FAIT DE TON FRERE?
155 Rondal/Henrot: LE LANGAGE DES SIGNES
156 Lafontaine: LE PARTI PRIS DES MOTS
157 Bonnet/Hoc/Tiberghien: AUTOMATIQUE, INTELLIGENCE ARTIFICIELLE ET PSYCHOLOGIE
158 Giovannini et al.: PSYCHOLOGIE ET SANTE
159 Wilmotte et al.: LE SUICIDE
160 Giurgea: L'HERITAGE DE PAVLOV
161 Ionescu: MANUEL D'INTERVENTION EN DEFICIENCE MENTALE N° 1
162 Ionescu: MANUEL D'INTERVENTION EN DEFICIENCE MENTALE N° 2

163 Pieraut-Le Bonniec: CONNAITRE ET LE DIRE
164 Huber: PSYCHOLOGIE CLINIQUE AUJOURD'HUI
165 Rondal et al.: PROBLEMES DE PSYCHOLINGUISTIQUE
166 Slukin: LE LIEN MATERNEL
167 Baudour: L'AMOUR CONDAMNE
168 Wilwerth: VISAGES DE LA LITTERATURE FEMININE
169 Edwards: VISION, DESSIN, CREATIVITE
170 Lutte: LIBERER L'ADOLESCENCE
171 Defays: L'ESPRIT EN FRICHE
172 Broome Walace: PSYCHOLOGIE ET PROBLEMES GYNECOLOGIQUES
173 Aimard: LES BEBES DE L'HUMOUR
174 Perruchet: LES AUTOMATISMES COGNITIFS
175 Bawin-Legros: FAMILLES, MARIAGE, DIVORCE
176 Pourtois/Desmet: EPISTEMOLOGIE ET INSTRUMENTATION EN SCIENCES HUMAINES
177 Sloboda: L'ESPRIT MUSICIEN
178 Fraisse: POUR LA PSYCHOLOGIE SCIENTIFIQUE
179 Ruffiot: PSYCHOLOGIE DU SIDA
180 McAdams/Deliège: LA MUSIQUE ET LES SCIENCES COGNITIVES
181 Argentin: QUAND FAIRE C'EST DIRE...
182 Van der Linden: LES TROUBLES DE LA MEMOIRE
183 Lecuyer: BEBES ASTRONOMES, BEBES PSYCHOLOGIQUES: L'INTELLIGENCE DE LA 1re ANNEE
184 Immelmann: DICTIONNAIRE DE L'ETHOLOGIE
185 Collectif: ACTEUR SOCIAL ET DELINQUANCE
186 Fontana: GERER LE STRESS
187 Bouchard: DE LA PHENOMENOLOGIE A LA PSYCHANALYSE
188 Chanceaulme: MOURIR, ULTIME TENDRESSE
189 Rivière: LA PSYCHOLOGIE DE VYGOTSKY

Hors collection

Paisse: PSYCHOPEDAGOGIE DE LA LUCIDITE
Paisse: ESSENCE DU PLATONISME
Collectif: SYSTEME AMDP
Boulangé/Lambert: LES AUTRES, L'EXPRESSION ARTISTIQUE CHEZ LES HANDICAPES MENTAUX

Manuels et Traités

2 Thinès: PSYCHOLOGIE DES ANIMAUX
3 Paulus: LA FONCTION SYMBOLIQUE ET LE LANGAGE
4 Richelle: L'ACQUISITION DU LANGAGE
5 Paulus: REFLEXES-EMOTIONS-INSTINCTS
Droz-Richelle: MANUEL DE PSYCHOLOGIE
Hurtig-Rondal: MANUEL DE PSYCHOLOGIE DE L'ENFANT (Tome 1)
Hurtig-Rondal: MANUEL DE PSYCHOLOGIE DE L'ENFANT (Tome 2)
Hurtig-Rondal: MANUEL DE PSYCHOLOGIE DE L'ENFANT (Tome 3)
Rondal-Seron: LES TROUBLES DU LANGAGE (DIAGNOSTIC ET REEDUCATION)
Fontaine/Cottraux/Ladouceur: CLINIQUES DE THERAPIE COMPORTEMENTALE
Godefroid: LES CHEMINS DE LA PSYCHOLOGIE